道徳科授業サポートBOOKS

ルーブリック評価を取り入れた
道徳科授業の
アクティブラーニング

石丸憲一 著

明治図書

はじめに

　人間は弱い，しかし，弱さを克服して生きていこうとすることができます。完全な人間は少ないのですが，よりよく生きようとする人間は多くいます。むしろ，そこに人間の素晴らしさを見出すことができます。私は，そういう人間の必死に生きる姿を垣間見て，それに感動できる自分を感じてうれしくなります。感動することを私たち人間に与えてくれたことに，心から感謝するばかりです。

　一方，世界を，時に日本を見わたすと，そういったこととかけ離れた悲しい出来事が，毎日どのチャンネルでもどの新聞でも報道されています。世界中のみんながよりよく生きようとする人の姿に感動しながら毎日を過ごしていれば，きっとそんなことにはなっていないはずなのに。

　そういう世の中を見るにつけ，子供たちが，よりよく生きようとしている人の姿を見出し，自分もそうありたいと願うようになる，そのための時間がこれから始まる道徳科の授業であったらと考え，本書の刊行を計画しました。そう思わざるを得なかったのは，これまでに道徳の時間を中心に戦後50年以上かけて行ってきた道徳教育の成果が十分に出ていると思われないからです。これは，小学校教育に20年以上携わって累計700時間以上も道徳の時間の授業をし，現在は大学院で将来，道徳の授業をすることになる学生と共に道徳教育のあり方を考えている私自身にも責任があるという反省からの思いでもあります。最前線にいたからこそ，どこがまずかったかも見つけやすい私のやるべき仕事だとも考えています。

　道徳の時間から道徳科への変更は，実質的な格上げと考えてよいのですが，なぜうまくいっていないかをしっかりと分析せずに，新たな舞台に上がっても，同じ演技を繰り返すだけです。踏襲すべきところはしっかり踏襲するけ

れども，改めるところはしっかりと改める，そういう覚悟がなければ，結局同じことの繰り返しに終わり，ツケは未来の子供たちに回っていきます。

そこで，本書は，教師が自分の授業を，子供の成長を材料にして省察することで，授業をすること自体が日常的な授業改善につながることを目指しました。つまり，評価を基点にして道徳科の授業づくりをしていくことを中心に論を展開しています。評価自体がこれまでの道徳教育ではほとんど行われてこなかったので，他教科での評価のあり方を参考にしながら，道徳科の特性に合った評価のあり方を追究しました。

さらに，評価に至るその道筋には，これからの学校教育において重要な要素となっていくアクティブラーニングの考え方と重なるところも多いので，必然的にアクティブラーニングを意識した授業展開を志向するものにもなっています。

本書は，前半に道徳科の授業づくりと評価についての理論を述べ，後半に理論に基づいた具体的な授業や評価の仕方について述べています。実際に教材研究をしたり，実践したりしようとすることに役立つ，データブックとしても活用していただければと考えています。特に，第3章では，小学校，中学校の学習指導要領に挙げられている内容項目について，それぞれの評価のためのルーブリックを掲載しています。また，第4章では，一人一人が活躍する道徳科の授業づくりをするための授業プランを各学年ごとに掲載し，そこでは授業の中でのアクティブラーニングのポイントや具体的に評価するためのルーブリックを位置づけています。

本書を利用して実際に授業をする中で，改善できるところはどんどん改善をして，さらに楽しく身になる道徳科の授業にしていっていただければ幸いです。

2016年6月

石丸憲一

CONTENTS

はじめに　3

第1章

「考え，議論する」道徳科の授業づくり

1　道徳科とはどういう教科か
1　なぜ道徳科か―道徳科の背景― ………………………………………… 10
2　道徳の時間との違い ……………………………………………………… 12
3　道徳科とは ………………………………………………………………… 14

2　「読む」道徳から「考え，議論する」道徳へ
1　道徳の時間のどこがまずかったのか …………………………………… 16
2　「読む」道徳とは ………………………………………………………… 19
3　「考え，議論する」道徳とは …………………………………………… 22

3　アクティブラーニングと「考え，議論する」道徳科の授業
1　教育から学習へのパラダイム転換の中で ……………………………… 24
2　道徳科とアクティブラーニングのマッチング ………………………… 25
3　アクティブラーニングをどう取り入れるか …………………………… 27

第2章

「考え，議論する」道徳科の評価

1 何を，どう評価したらよいか
1 道徳科の授業で何を評価するか ———————————————— 32
2 他の教科との違いから ———————————————————— 36
3 どう評価したらよいか ———————————————————— 38

2 ルーブリックで評価する
1 ルーブリック評価とは ———————————————————— 42
2 ルーブリック評価の長所と短所 ————————————————— 46
3 道徳科の授業とルーブリック ————————————————— 47

3 〈わかる〉〈つなぐ〉〈生かす〉で評価する
1 ICE モデルと道徳科 ———————————————————— 49
2 〈わかる〉〈つなぐ〉〈生かす〉で評価する ————————————— 51
3 〈わかる〉〈つなぐ〉〈生かす〉を生かしたルーブリック ————— 53

4 評価から逆算して授業をつくる
1 「評価が変われば授業が変わる」のはなぜ？ ————————————— 57
2 評価を授業の起点に ———————————————————— 58

第3章

各内容項目の分析と
ルーブリック

1 A 主として自分自身に関すること ―――――――――― 64
2 B 主として人との関わりに関すること ――――――――― 70
3 C 主として集団や社会との関わりに関すること ―――――― 75
4 D 主として生命や自然，崇高なものとの関わりに関すること ――― 84

第4章

指導と評価をつなぐ
道徳科の授業プラン

【小学校低学年の授業プラン】
❶「かぼちゃのつる」［節度，節制］――――――――――――――― 90
　これはわがまま？

❷「きいろいベンチ」［規則の尊重］――――――――――――――― 94
　どうしたらよかったの？

CONTENTS 7

【小学校中学年の授業プラン】

❸「ないた赤おに」［友情，信頼］ ————————————— 98
　　友達って何だろう？

❹「発明家ベル」［個性の伸長］ ———————————————— 102
　　長所を生かそう

【小学校高学年の授業プラン】

❺「手品師」［正直，誠実］ ——————————————————— 106
　　どちらを選ぶ？

❻「一ふみ十年」［自然愛護］ ————————————————— 110
　　自然と人間

【中学校の授業プラン】

❼「銀色のシャープペンシル」［よりよく生きる喜び］ ——— 114
　　よりよい自分への第一歩

❽「最後の年越しそば」［思いやり，感謝］ ————————— 118
　　私たちは何を求めて生きるのだろう

❾「わたしのいもうと」［公正，公平，社会正義］ ————— 122
　　差別について考えよう

おわりに　126

第1章

「考え，議論する」道徳科の授業づくり

　2015年３月の学習指導要領の一部改正を受けて，道徳の授業の扱いが道徳の時間から道徳科へと変更になりました。第１章では，その変更の背景と変更の内容，つまり道徳科とはどういう教科なのかを概観していていきます。

1 道徳科とはどういう教科か

1 なぜ道徳科か―道徳科の背景―

これまでの道徳教育の流れ・超ダイジェスト版

　明治期からの徳育についてごく簡単に振り返ってみると，まず，戦前の教育において現在の道徳教育の役割を果たしていたのは，ご存じのとおり修身である。修身は1890年の教育勅語が発布された時から終戦までだから，55年間行われていたことになる。戦後は，戦争に向かうことにもなりうる精神教育が遠ざけられていた期間がしばらくあった。その後，道徳教育の必要性を訴える声が大きくなり，1958年（昭和33年）の学習指導要領以来，道徳の時間として位置づけられてきた。どれくらいの頻度でどれくらい充実した授業が行われてきたかは，本書を読む皆さんの児童・生徒として授業を受けた経験や教師として授業をした経験の通りなので，回想していただき評価されたい。

道徳科誕生

　この道徳の時間の実施された（効力を有した）期間は，実に57年間にも及び，修身の時代を超えるものとなった。にもかかわらず，このタイミングで道徳の時間としては一応のピリオドを打って，道徳科に昇格させたことは大きな出来事であると言ってよいだろう。道徳科の授業を，評価をどうするかを論じる前に，まずはなぜ道徳科かを考えておく。誰が，何のために道徳科にしようとしたか。この国の将来を左右する道徳教育をよりよい方向へ進めるためにも，どのような思惑があったのかを探ってみたい。

　まず，誰がという，積極的に働きかけた人たちについては，政策的な立場で道徳教育を捉えている立場と充実した道徳教育を推進しようとする立場の二つに分けられる。前者は国策の一環として教科としての道徳を打ち出しているのであり，明確な意図を持っているし，期待するのは結果である。それ

に対して，後者は実践レベルで道徳の改善を考えていて，これまでの道徳の時間では果たせなかったもの，改善できなかった部分を何とか変えようという強い思いによるものであり，期待するのはプロセスである。私たち道徳教育に直接に携わる者にとって，結果だけを見て進んでもそれは絵空事に終わることになるので，まずはプロセスである授業をよりよいものにしていくことを考えることが重要である。もちろん，授業改善の結果，政府が思い描いているような理想像に近づければいうことはないのである。

道徳科創設は量的改善か質的改善か

次に，何のためにということについて考えてみたい。改善というと質的に改善することに目を向けがちだが，道徳の時間から道徳科への改善は，質的改善だけでなく量的改善の意図も含んでいるのである。

小学校では担任の先生が多くの教科を教えているが，国語や算数の授業は大事にしていて，他教科や行事の準備に振り替える先生はほとんどいないだろう。しかし，道徳の時間はそのように使われることもあるようである。また，中学校では学期末の試験前に試験範囲まで学習を終わらせるための調整時間として道徳の時間が使われることがあるという。このように，道徳の時間については残念ながらまだまだきっちりと年間35時間の授業時数が確保されているのに実施されていないこともあるのが現状である。そういう状況をまずは改善したいというのが，道徳科の創設における量的改善の趣旨である。全ての先生に35時間の道徳の授業をしてもらう，道徳に力を入れていなかった先生にも道徳の授業に一生懸命に取り組んでもらうための改善というのが一面である。

もう一面の質的な改善で目指そうとしていること，それは社会構造の中で生じている諸問題の解決というとても大きな課題を背負ってのものである。これまで学校教育に道徳教育や道徳の時間がしっかりと位置づけられていたにもかかわらず，一向にいじめや青少年犯罪が減らないばかりか複雑化し，増大している状況がある。今回の改訂はそういう状況を受けて，子供たちの心の教育を充実させようとするための改革でもある。

第1章 「考え，議論する」道徳科の授業づくり

2 道徳の時間との違い

　道徳の時間から道徳科になることによってどこが変わるのだろう。改訂前後の学習指導要領を比較し分析したものについては，多くの解説書が出版され細部にわたって述べられているので，そちらを参照していただくこととして，ここでは実践する者にとって大きく影響すること，逆に言えば，押さえておく必要のあることを２点にしぼって述べておく。

横のつながりから縦のつながりへ

　学習指導要領（2015年）の「内容」を見てみよう。ここでは，中学校版でもほとんど同じなので小学校版を例に挙げて述べるが，中学校での道徳教育に興味のある方はそちらも参照願いたい。

　　A　主として自分自身に関すること

［善悪の判断，自律，自由と責任］

　〔第１学年及び第２学年〕

　よいことと悪いこととの区別をし，よいと思うことを進んで行うこと。

　〔第３学年及び第４学年〕

　正しいと判断したことは，自信をもって行うこと。

　〔第５学年及び第６学年〕

　自由を大切にし，自律的に判断し，責任のある行動をすること。

　　（以下，［正直，誠実］，［節度，節制］，［個性の伸長］，［希望と勇気，努力と強い意思］，［真理の探究］と続く。）

　改訂前の平成20年版の「A　主として自分自身に関すること」は次の通りである。

(1)　健康や安全に気を付け，物や金銭を大切にし，身の回りを整え，わがままをしないで，規則正しい生活をする。

(2)　自分がやらなければならない勉強や仕事は，しっかりと行う。

(3)　よいことと悪いことの区別をし，よいと思うことを進んで行う。

(4)　うそをついたりごまかしをしたりしないで，素直に伸び伸びと生活

する。

　このように見ると，両者の違いは歴然としている。次の2点である。

①内容項目を道徳的価値を表す語句で言い換えている。

　従来は内容項目を学年ごとに一文で記述していたが，内容項目を表す一文の前に［善悪の判断，自律，自由と責任］のような道徳的価値を表す語句を配している。これにより内容項目を具体的にわかりやすくすると共に，似ていたりつながりがあったりする内容項目同士の関係を捉えることができるようになる。これまでは，「善悪の判断」と「自律」，「自由と責任」の関係など考えることなどほとんどなかったが，このように表記されればどう関係しているのかを自然と考えたくなるだろう。

②内容項目ごとに全学年を連ねて示している。

　従来は，各学年の記述をめくりながら比較する必要があったものが，小学校6年間，あるいは中学校も含め9年間の記述が内容項目ごとに連続して示されるようになった。このことにより，内容項目ごとの系統性が明確になった。道徳性を系統的なものとして捉え，連続的，継続的な道徳教育を考えることにつながる変更であると言えるだろう。

道徳の時間の柱である補充，深化，統合はどこに

　これまで道徳の時間の根拠は「補充，深化，統合」という表記にあった。「学校の教育活動全体を通じて」道徳教育が行われているのに，なぜ道徳の時間の授業をしなければならないかは，この三つの言葉を根拠としていたのである。しかし，学習指導要領（2015年）には，これらの語句は見られない。

　「道徳の時間」を支えていたこの表記を捨ててまで新しいものをつくろうとした関係者の意気込みがここにあると言える。改訂に大きく関わった押谷は，「道徳の特質を語る上で大切な用語ですが，その本来の意味を理解してもらえるような表現に変えていくか，説明をしていく必要があ」ると述べている（「教育課程部会　道徳教育専門部会　配付資料」）。結果的に第3の2(2)において，次のように平易な言葉で置き換えられている。

特に，各教科，外国語活動，総合的な学習の時間及び特別活動におけ
る道徳教育としては取り扱う機会が十分でない内容項目に関わる指導を
補うこと（補充）や，児童や学校の実態等を踏まえて指導をより一層深
めること（深化），内容項目の相互の関連を捉え直したり発展させたり
することに留意すること（統合）。(括弧内は石丸による)

　この表記を見れば，この概念の重要性は少しも退いていないことはわかる。
しかし，道徳科に関わる私たちは，道徳の時間を象徴する表記を抑えてまで
教科化しようとしたことの意味——量的改善に満足している場合ではないこ
と——を認識しておくべきである。

3　道徳科とは

道徳科は隠し絵？

　このように見てくると，道徳の時間から道徳科への改訂には直接的なメッ
セージは少なく，表面に出てこない思いや思惑を多く含んだものと言える。
言いたいことは山ほどあるが，それを奥の方に隠してあると考えてよい。そ
れは，気づく人は気づくし，気づかない人は気づかないものであるという，
もしかしたら少し面倒なことになる要素を持ったものと言えるかもしれない。

　この改訂における道徳の時間から道徳科への変更を，授業をする側が「変
化」と捉えるか，「変革」と捉えるか，あるいは「転換」と捉えるか。捉え
方は自由であるが，捉え方によって道徳教育の変わり方も様々なものとなる。
「変化」であれば授業の形とか副読本から教科書への変更，評価の導入とい
ったそれぞれの部分の変更に力が入れられるだろうし，「変革」であれば制
度としての変更，法的な位置づけに目が向くことになろう。

　しかし，このような部分の捉え，大枠としての捉えでは，教師は変わって
も，児童・生徒は変わらない。「教育から学習へ」とパラダイム転換するこ
との必要性が言われて久しい。教えられるのではなく，子供たち自らが学ぶ
のでなければ，現代に，未来に生きる力には結びつかないのである。多くの
教科で振り返りやICTを活用した授業，アクティブラーニングを取り入れ

ようとしているが，これらは全てパラダイム転換の一部と考えてよい。ただし，これらが学習観から遊離して方法だけが一人歩きしている感もあり，予断を許さない状況ではある。

　ところが，相変わらず道徳の授業では，教師が教え導くものであるという教育観に基づいている授業が多く，学習パラダイムに基づいて授業がされていると言えるほどには「転換」は進んでいない。道徳で問題解決学習を取り入れることが検討され試みられているが，これは，道徳教育が何とかして「教育から学習へ」と踏み込もうとしている実像を示していると言えるだろう。

見えないものを見よう

　児童・生徒自らが学び，道徳性を高め合っていくような授業にするためには，児童・生徒がより主体的に学びに参加するようにならなければならない。私は，「主体的な学び」を自ら学び，自ら考え，自ら課題を解決することと捉えている。言い換えれば，学習に対する見通しを持ち，一連の学習のプロセスを自ら作り出せることと言えよう。もちろん，必要に応じて教師がイニシアティブをとることはあるが，児童・生徒自らが学びの方向を決める場面が効果的に用意されているということである。

　このように「主体的な学び」を捉えると，道徳科の授業が「主体的な学び」の場となるために次の条件を満たすことが求められる。

①課題をつかみ学習の見通しを持つ
②解決の方法をつかむ（方法，リソース，友達との関わり方等）
③解決への取り組み及びそのアウトプット
④振り返り（成果や課題，次の学習への展望）

　　　（石丸憲一「『主体的な学び』の姿勢をつくる」『国語教育』，明治図書，2016年5月号）

　他の教科では既に当たり前のものかもしれないが，それらで得たノウハウを道徳科に生かすという発想を大事にすれば，道は遠くない。

第1章　「考え，議論する」道徳科の授業づくり

2 「読む」道徳から「考え，議論する」道徳へ

1 道徳の時間のどこがまずかったのか

どこまでできて，どこからできていなかったのか

　道徳教育の目的は，子供たちがよりよく生きていこうとする意欲を持って生活するようになることだと考えている。そこで，道徳の時間や道徳科の授業においては，子供たちの心を揺さぶることで，子供たちが自らの道徳性を見つめ，自分の生き方に反映させようとすることを目指していると言ってよいだろう。

　これまでの道徳の時間があまりうまくいっていなかったから道徳科に改められるのだと受け止めるならば，この「子供たちの心を揺さぶることで，子供たちが自らの道徳性を見つめ，自分の生き方に反映させようとする」一連の過程のどこに原因があったのかをまずは振り返ることが必要である。そして，その部分を改善することで充実した道徳教育の場にしていくことができるだろう。

　では，いったいどこまでできていて，どこからできていなかったのか。「道徳教育の指導方法をめぐっては，これまでも，例えば，道徳の時間において，読み物の登場人物の心情理解のみに偏った形式的な指導が行われる例がある」（中教審答申「道徳に係る教育課程の改善等について」2014年10月21日）と問題点が指摘されている。これまでの道徳の時間の授業が心情を読むことに偏りすぎていたということであるなら，資料を読むことが子供たちに働きかけたことは子供たちの心を揺さぶることまでであり，問題意識を持たせるところまでだったと考えてよい。

　資料の中の人物になぞらえて考えさせることに終始してきたことにより，子供たちが，形だけでなく真に自らの生活を振り返り，自らの道徳性を見つめるところまで行き着かなかった。答申において，「児童生徒に考えさせる

授業を重視する必要がある」と教科化に向けての方向付けがなされていることからも，自分のこととして考える授業ができていなかったことを示している。そして，当然のことではあるが，自分の生き方に反映させようとする意欲を持たせるところにも行き着かなかったのである。

資料の読みに終始しないために

　資料にいつまでもとらわれていては自分の生活を振り返り，自分を見つめることにつながらないということであれば，資料の読みに終始しない授業に変えていかなければならない。現状に慣れた方は難しいと思うかもしれないが，意外と簡単である。資料の読みに終始しないようにするためには，次の二つのことをすればよい。

　一つは，資料の読みの内容を精選することである。テーマを絞って，必要にして十分な内容について考えさせることで，枝葉の部分と幹の部分に同じように時間をかけず，幹を中心としながら，必要に応じて枝葉の部分にも意識を及ぼすことができるのである。このことについては，実際にやってみると意外にあっさりと変えていくことができる。全てを網羅しようとしないことである。

　もう一つは，いわゆる「資料から離れる」ことである。このことについては，これまでにも「展開後段で資料から離れる」と方程式のように言われてきた。しかし，展開前段が長くなる傾向がある中で，長くなればなるほど資料から離れられなくなるというのが実態だった。離れるのはいつでもよいのである。導入の後，資料を離れてもよいし，終末で再び資料に戻ってきてもよい。とにかく，資料から離れるという意識を教師がはっきりと持っていて，そこが勝負所だと考えていることが重要なのだ。逆に言うと，資料を離れるのはたやすいけれど，離れた後，どうするかが難しく，それを十分に考えておかないと怖くて離れられないということになる。

読むことは必要ないか

　このように考えると，道徳科においてあたかも読むことが否定されているように考えられるが，今後進められる「考え，議論する道徳」についても，

第1章　「考え，議論する」道徳科の授業づくり　17

「考え，議論する」ための材料は当然必要となるのであり，それを読むこと以外に求めるのは難しいだろう。抽象的な概念について考えたり，非連続テキストについて考えたりするよりも，文字テキスト（連続テキスト）を読むことをきっかけに深く考えさせることが効果的だからである。また，教科書を使って指導することにもなっており，教科書という文字テキストにおいて，教材となるものの中心は，従来ほどの比重ではないと思うがやはり読み物資料である。だとすれば，読む道徳から脱することも当然考えなければならないが，これまで行ってきた読む道徳を十分に振り返り，「よりよい読む道徳」を考えていくことも改革の重要な一部であると考える。資料の読みにおいて「考え，議論する」ことも，資料を離れて「考え，議論する」こともどちらも大事なのであり，共に実現することが新しい道徳に必要なのだと考えていきたい。そのために，道徳における読むことを見直し，道徳科における資料を読むことの可能性を検討しておきたい。

道徳において読むことの意味

　人物の心情を読む，あるいは心情を考えることは，道徳的価値について考える上でどのような意味を持っているのだろうか。現実や虚構の事象から読み取ることのできる様々な心情のうち，道徳的価値に関わるものについてを道徳的心情と言うことができるのであれば，心情と道徳的心情の関係を考えることが授業改善を進める一つのヒントとなるだろう。

　道徳的心情について横山は，「道徳的価値の大切さを感じとり，善を行うことを喜び，悪を憎む感情のこと」，また「人間のもつ種々の感情のうち善悪にかかわって生じる感情体験」と定義づけし，「道徳的判断と行動を結ぶもの」であるとしている（横山利弘著『道徳教育とは何だろうか』暁教育図書，2007年）。道徳の授業において資料を読む中で，心情について読み取っている授業は多いと言える。ただ，その全てがよくないということではなく，人物の心情について考えることが道徳的心情に結びつくのであればよいのである。そして，大切なのはどの部分の心情を考えさせることがよいのか，どのように考えさせればよいのかをはっきりさせることであろう。

道徳の授業を見ると，多くの授業で，道徳的心情を読み取るために道徳的心情の最も強く出ている場面を支える，その他の場面の読みを丹念に行い，結果として心情の連続を追う授業になっている。そして，それが「読み物の登場人物の心情理解のみに偏った形式的な指導」という中教審答申での指摘に該当すると考えてよいだろう。

　「形式的な指導」から脱するために，資料に見られる道徳的心情をしっかりと押さえ，その部分を中心に考えさせることで，資料を活用して道徳的価値に迫っていくことは十分に可能なのである。

2　「読む」道徳とは

　以上のような省察を基に，ここでは定番資料である「手品師」を取り上げて「読む道徳」について考察し，道徳科の授業にはどのような読みがふさわしいかを考えていきたい。

「手品師」はどう読まれてきたか

　「手品師」は言うまでもなく著名な道徳資料であり，『小学校道徳の指導資料とその利用1』（文部省，1976年）に採られているのはもとより，これまで多くの高学年用の副読本に掲載されている。「手品師」については，宇佐見寛らによる批判，作者である江橋照雄による反批判が生起したが，この一連の論争についても，注目を浴びることのない資料について議論が起こるはずもなく，多くの教師によって「手品師」が実践されていて，影響の大きな資料であるゆえと考えてよいだろう。

　「手品師」は，次の一つの状況設定（⓪）と六つの場面（局面）（①〜⑥）によって構成されている。

⓪あるところに大きな劇場で演ずる夢を抱いた売れない手品師がいた。（夢と現実）

①ある日，かわいそうな境遇にある少年と出会う。（少年の境遇）

②手品師は少年に元気を出させようと手品をして見せ，少年は喜ぶ。（少年の喜び）

第1章　「考え，議論する」道徳科の授業づくり　19

③「明日も来てくれる？」と言われ，「来るともさ」と約束する。（約束）

④その夜，友人から電話があり，大劇場での公演の誘いを受け，少年との約束と夢の実現の間で迷いに迷う。（迷い）

⑤友人の誘いを断る。（決断）

⑥次の日，手品師は少年の前で素晴らしい演技を見せる。（約束の公演）

　これらの場面を通じて指導しようとしている内容項目は，学習指導要領（2015年）で言えば「主として自分自身に関すること」のうちの「正直，誠実」の「誠実に，明るい心で生活すること」であり，実践者間での追究しようとする内容項目に関する揺れはほとんどない。しかし，この「誠実」に関して，どうすることが最も誠実だったかということについては意見が分かれるところである。一方は，手品師の行動は誠実だったとするもので，他方は，もっとよい方法があったことを考えれば手品師にとっても少年にとっても，そして友人にとっても誠実とは言えないというものである。両者の見解の違いは，手品師のとった行動が自己犠牲的な行動だったと捉えるかそうでないかという点において顕著に表れている。

　手品師の行為が自己犠牲に当たるかどうかということは，双方の主張を見る限りは主観的な考えに依るところが大きい問題であると言えるし，また，誠実であったかということも多分に主観的な判断に左右されるものである。その判断基準を授業の論点とすることもできなくはないが，自己犠牲とは何かをはっきりさせないまま，自分に対する誠実と他者に対する誠実を同じ土俵で考えさせることは難しいと言えるだろう。

「手品師」の場面と発問

　「手品師」には先にも述べたように一つの状況設定と六つの場面（局面）があり，授業においてはこの七つの要素が発問の対象となっている。七つの要素のうちのどれについて発問しているか，その違いを比較するために，私の手許にあった30本の指導案から取り出し，次頁にまとめた。

　一つの状況設定と六つの場面（局面）のそれぞれについて，指導案の中で発問として取り上げられている割合を求めた結果，「夢と現実」27％，「少年

「手品師」の授業での心情について
考えさせている箇所

指導案	夢と現実	少年の境遇	少年の喜び	約束	迷い	決断	約束の公演
1	○			○	○	○	○
2				○	○	○	
3					○	○	
4				○	○	○	○
5	○			○	○		○
6					○		
7					○	○	
8				○	○	○	
9	○				○		○
10					○		○
11					○		
12				○	○	○	
13				○	○		○
14	○			○	○		○
15		○		○	○		
16		○	○	○	○		
17					○		
18					◎	◎	
19					◎		
20	○	○	○	○	○	○	○
21				○	○	○	
22					○	○	
23					○		
24				○	○		○
25			○	○	○		○
26			○		○		
27	○		○		○		○
28			○	○	○		
29							○
30			○		○		○
(％)	27	10	23	50	97	47	70

の境遇」10％，「少年の喜び」23％，「約束」50％，「迷い」97％，「決断」47％，「約束の公演」70％である。ほぼどの授業者も取り上げているのが「迷い」の場面であり，次いで少年との最後の「約束の公演」の場面である。この結果を見るならば，ほぼ全ての授業で気持ちを読む発問として取り扱われている「迷い」について考えることが資料「手品師」を読み解き，生き方を考えることの中心となっていると言えるだろう。

七つの要素について全てを展開に使っているものもあり，それに近いものもある。逆に「迷い」の場面だけを取り上げて展開しているものもあり（17％），二つ〜三つについての扱いのものもある。

ただし，多くの箇所について発問しているものも，少ない箇所について発問しているものも，その発問のほとんどは「〜の時の手品師の気持ちはどうだったでしょうか？」というようなもの（表中では○で示したもの）であり，心情を連続的に問うことにより授業を展開していると言える。

また，僅か２例ではあるが（表中では◎で示した18，19），手品師の心情を問うのではなく，「手品師はどうすべきだと思いますか？」と児童の判断を問うているものもある。18については，「決断」の是非も問うており，心情を読む展開とは一線を画したものになっている。

丁寧に文脈を追っていく展開が多く見られることは，「読み物の登場人物

の心情理解のみに偏った形式的な指導」という指摘を反映したものと言えるだろう。そして，丁寧な心情理解の授業が多い一方で「決断」や「約束の公演」の場面のみを扱ってしっかりとした授業をつくっている例があることも事実である。そう考えると，これまでに多くの授業で行われてきた心情を読み取ることができる場面を丹念に読み込んでいく展開を脱する根拠とヒントを見出すことができるだろう。

3 「考え，議論する」道徳とは

手品師の「迷い」の実態を明らかにする

　丁寧に心情を追った上で「迷い」について考えさせるのではなく，ストレートに「迷い」について考えさせることで，手品師の「迷い」をしっかりと捉えさせることはできるのだろうか。このことについて考えるために，まず，「迷い」を構成する手品師の思いを挙げ，次の図に整理した。

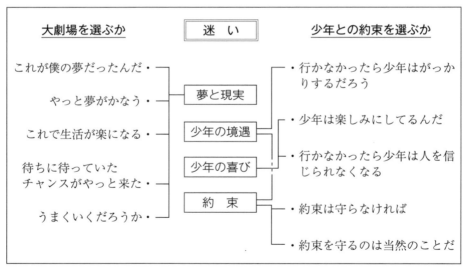

　これを見ると，「迷い」の片方の揺れである「大劇場での公演を選んだ方がよいのでは」という思いに対する理由や関連する気持ちは，全て手品師の「夢と現実」に関連する思いである。これらは，「夢と現実」の場面について

の手品師の心情と呼応するものである。

　もう一方の「少年との約束を選んだ方がよいのでは」という思いに対する理由や関連する気持ちは，「夢と現実」と「迷い」の間の「少年の境遇」，「少年の喜び」，「約束」に関連する思いである。これらについても，それぞれの場面での心情と呼応するものとなっている。

発問を絞り込む

　このように見ると，「迷い」の場面の手品師の心情が，この資料を「誠実」として考える授業の道徳的心情につながるものとなっており，また，他の場面の手品師の心情は道徳的心情を支えるものとなっていると言える。とすれば，「迷い」の場面で読み取ることのできる手品師の心情は，それ以前の場面の心情をふまえたものとなっており，「迷い」の心情を捉えられていれば，あえて前提となる場面の心情を押さえる必要はないと考えることができる。

　このような一連の作業を，教材研究に活かすべく整理すると次のような手順として示すことができる。

①資料となる文章で心情等を読み取ることのできる場面を取り出す。

②取り出した場面での心情等の中から，授業で扱おうとする内容項目を反映している心情（道徳的心情につながるもの）を見つける。

③内容項目につながる場面について考えれば読み取ることのできる心情の場面については，課題（発問）から外す。

④残った場面から発問を考える。

　このように，最も考えさせたい部分での予想される子供たちの思考の内容と各部分の読むことによって取り出される思考の内容を突き合わせることにより，どの場面の心情について考えさせる必要があるかを授業をする側として捉えることができる。そうすることで，問わなくてよい心情は可能な限り省くことができる。

　中心的な場面についてじっくり考えなければ一人一人の結論が導き出せないような状況を作り出すことにより，「考え，議論する」ことを資料の読みの中にしっかりと位置づけた「考え，議論する」道徳になっていくのである。

第1章　「考え，議論する」道徳科の授業づくり　23

3 アクティブラーニングと 「考え，議論する」道徳科の授業

1 教育から学習へのパラダイム転換の中で

どう授業を変えればよいか

これまでに述べてきた「考え，議論する」道徳科への改善のポイントをふまえると，どのような授業をしていったらよいのだろう。

授業で扱う内容（課題）については，これまでに述べてきたように，資料を読むことに終始しないために，テーマを絞ってズバッと切り込んでいくことと，資料から離れて自分を見つめることを組み合わせたものになることが望ましい。具体的には，資料については，道徳的心情に迫るような学習課題や発問を，資料を離れては，問題を自分のこととして受け止め，前向きに考えることができるような発問や活動を児童・生徒に提示することが必要になる。この課題や発問の開発については，これまでにも十分に考えられてきたことであり，私たち教師が心血を注いできたことでもあるので対応は十分にできるものと考えられる。

ただし，これまでの道徳の時間をはじめ教科の授業は，発問開発さえできればよい授業ができるという思いが強かったが，それでは教師の敷いたレールの上を子供たちに走らせていくという授業スタイルであることを否定することはできない。

道徳も教育から学習へのパラダイム転換を

先に述べたような教師主導で学びをつくっていくスタイルは，教育観に基づいたものと言える。そこでは，教師と子供とのつながりを通して他の子供同士のつながりをつくる環境がある。そこに教師がいなければ子供同士がつながらないのである。しかし，児童・生徒が自ら授業をつくっていくような学習観に基づいた授業づくりをすることで，道徳科の授業も子供たち同士が関係づくりをするものになっていくと考える。現在は，長く続いた教育観と

いう授業の捉え方から学習観という捉え方にパラダイムが転換している時期であると言われているが，まさにその時期に道徳の時間から道徳科へと変わることをリンクしていくことが，道徳教育のパラダイムの転換にとっても有効に働くことは確かである。

児童・生徒が主体的に道徳の授業に取り組むことを目指して取り組まれているものとして，問題解決学習があるが，これもまたその一つの形と言えるだろう。学習課題を児童・生徒に提示し，学習者自ら課題を解決し，その成果を発表するという授業の道筋を確認した上で取り組むことで，自らの課題に対する答えをつかみ，その達成感を味わうことは道徳性の向上を目指す道徳教育においても大きな効果を生むものと考える。

さらに，この問題解決学習も含めたアクティブラーニングを道徳科の授業に取り込んでいくことで，児童・生徒の主体性をさらに高め，道徳性を高めることにつながっていくことを目指すことができる。

2 道徳科とアクティブラーニングのマッチング

アクティブラーニングとは

そもそもアクティブラーニングと騒がれているけれども，それが道徳科の授業にどうなじむのかを押さえておきたい。アクティブラーニング（能動的学習）が講義オンリーの大学教育を改革するために求められて始まったことは既にご存じのことと思う。小中学校の授業レベルからしたら，低レベルのそのような要求に応えるためのアクティブラーニングがなぜ学習指導要領に位置づけられるようになったのか。それは，「言語活動の充実」の達成が予想以上に難しかったことと関連づけられる。「言語活動の充実」の形を変えて実現する手だてとして持ち出されたのが，アクティブラーニングと考えてよい。

そう考えると，当然，活動するだけのアクティブラーニング（能動的学習）をしたのではミッションに応えることにはならない。また，これまで繰り出してきた言語活動を超えるものでなければアクティブラーニングである

第1章 「考え，議論する」道徳科の授業づくり 25

とは言えないだろう。
アクティブラーニングの要素
　「形」ではなく，「質」によってアクティブラーニングとして成り立つかを問われるのであれば，その要素ごとに「質」に迫るためのポイントを見出すことができ，授業へのヒントをつかむことができるだろう。
　アクティブラーニングは，大きく三つの要素が入り混じったものである。一つ目は，能動学習（アクティブラーニング），二つ目は協働的学習（協働学習，協同学習），三つ目は深い学び（ディープラーニング）である。現在，それぞれの論者が自分がやっている授業こそアクティブラーニングだと主張している状況にあるが，どれもがアクティブラーニングなのであるとも言えるし，ないとも言えるのである。この三つの要素が全て組み合わされていること（図の3要素が交わっている部分）が理想であるが，そのうち少なくとも二つ以上がうまく組み合わせられること（図の2要素が交わっている部分）により学習が活性化されると考えられる。大事なのは組み合わせることによって中身の「質」を保証していくことである。教師によっては，ディベートとかジグソー学習とかといった特定の活動にこだわる方もあり，協働的学習にこだわる方もあり，また学習を深めるための課題にこだわる方もあるが，それらのこだわりによってアクティブラーニングが多様な形で成立し，充実していくことは望ましいことだと言えるだろう。

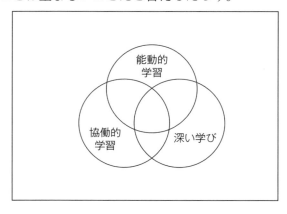

道徳科の授業との関連

　道徳科の授業におけるアクティブラーニングのあり方についても，他の教科と同じようにそれぞれの教師の個性を出しながらつくっていけばよい。ただし，道徳科では，次の2点についてはこだわりをもって授業づくりをしていただきたい。

①協働的学習において互恵的関係が成立していること

　他教科のアクティブラーニングにおいてもグループ学習で互恵的関係が成り立っていることは重要なことだが，特に道徳科の学習においては重要となる。道徳科は児童・生徒の心の交流を基盤に成り立っているものだけに，グループ学習で与えるだけ，もらうだけという関係ができてしまうことは望ましくない。与え与えられ，支え支えられという関係が思ったことを言える学びを生むのである。

②個と全体をバランスよく確保すること

　生き方を「考え，議論する」道徳科の授業では，最終的には自分はどう考えているのかを知り，どうしたらよいかという判断を自分ですることが欠かせない。また，より多くの友達がどう考えているかを知り，多様性の中で判断材料とすることも重要となる。この個で考え判断することと，全体の交流を授業の中にバランスよく位置づけていく必要がある。

　いずれも学習形態の位置づけ方にかかっている。課題（発問）を考えることと同じようにどういう活動をどういう形態で取り入れるのかという授業をデザインする力が求められている。

3　アクティブラーニングをどう取り入れるか

導入で取り入れる

　これまでは，「資料」自体，「資料」を読むことが，道徳の時間における学習課題だったと言ってよい。多くの教科では，導入段階で学習課題を提示（確認）し板書されるが，道徳の時間で学習課題が板書されることはほとんどなかった。しかし，道徳の授業でも問題解決学習を取り入れられることが

第1章　「考え，議論する」道徳科の授業づくり　27

多くなってきており，児童・生徒による課題発見につながる課題提示（確認）の重要性にも目を向けられているところである。

　課題の提示（確認）は，今日は何について考えたらよいのだろうかという思いを引き出すことができるが，そのままでは「先生から出されたお題」の域を脱することができない。そこで，児童・生徒が自分の課題であると思うような活動をすることに導入段階の学習の意義がある。

　導入の機能の主なものは，課題をつかみ，解決への意欲を高めることである。そのためには，友達の考えを知る活動をしっかりと位置づけ，多様な捉えから徐々に考えを深めていけるようにすることも取り入れていきたい。導入におけるアクティブラーニングは，まさにこの部分での工夫された活動として位置づけるとよいだろう。

アイデア①一読後に疑問を出し合う

　資料を一読したところで，登場人物の行動のなぜ？と思うところについて，グループで話し合う（⇒アクティブラーニング）。これをすることで，その後教師が提示する課題と，児童・生徒の疑問がリンクすることで，たとえ教師が提示した課題であっても，自分の課題として受け止めることができるのである。

アイデア②資料の読みを導入ですませる

　資料の読みを導入でほぼ終えてしまうような展開にする。まずグループで，どういう思いで登場人物がポイントとなる箇所の行動をしたのか検討する（⇒アクティブラーニング）。次に，その話し合いをふまえて自分の考えを書くことで，なぜそうしたかの仮の結論を自分なりに持つ。そして，話題を一般性のあること（日常）に移して中心的なテーマについて話し合う。

展開で取り入れる

　アクティブラーニングということであれば，展開部分で取り入れることが中心となるだろうし，そこでは様々な方法での取り組みが可能となる。他教

科で使っている方法を試し，道徳科に向いているアクティブラーニングの形を作り出していきたい。道徳科では，特に，様々な話し合いの方法——ジグソー学習，ディベート，パネルディスカッション，ポスターセッションなど——を取り入れることで深まりを生み，道徳科の授業が問題解決の場になるようにすることに力を入れたいものである。

アイデア①役割演技（劇化）をグループで行う

　これまで役割演技や劇化は，教材のある部分について一斉学習の中で個を取り出して行わせることが多かったが，もう少し大きな中心的な課題についてグループで検討し作らせることを取り入れる。個に振った場合は，直感や思いつきによる表現になりがちであるが，グループで検討することによって，役割演技や劇化が考えるきっかけではなく考えること自体となるのである。

アイデア②ジグソー学習で複数の視点から検討する

　例えば，複数の登場人物の思いを考え，比較しながら考えを深めていく授業では，まず手品師について考えよう，次に少年について考えよう，友人について考えよう……というように全体で順に取り組んでいた。しかし，時間もなくなるし，いろいろ考えることが多くていざ本題という時にはうまく整理できないということも少なくなかった。そこで，手品師について考えるグループ，少年について考えるグループ，友人について考えるグループというように，エキスパートグループを作ってそれぞれの人物について検討する。その後，元のグループなり全体なりに戻り分かれて考えたことを元に話し合う。こうすることで，じっくりと考えを深めることができる。

終末で取り入れる

　終末での活動としては，教師の説話（まとめ），実践化を促すこと，振り返りなどが考えられる。実践化を促すことについては，その後の見取りや価値づけがうまくできていなかったことが反省点として挙げられる。この部分に絞った改善をするだけで，有意義な活動として位置づけていくことができ

第1章　「考え，議論する」道徳科の授業づくり

る。また，振り返りについては，時間がない中で行われているので，交流が
できていない状況にある。振り返りにおいて大切なのは，むしろ振り返りの
共有である。この部分にアクティブラーニングを取り入れることで，機能す
る振り返りになる。

アイデア①実践化を促す「○○しよう，大作戦」

　これまでにもこういったことは行われてきたが，学習の成果を出す場とし
て位置づけて行うことが多かった。しかし，それではプレッシャーがかかる
ばかりで，楽しんで行うことができない。「まずやってみよう」と児童・生
徒を動かし，動いた後でもう一度考えさせるのである。ここでの動きは後で
述べる「生かす」ではなく，「わかる」や「つなぐ」学びの手だてである。

アイデア②振り返りの交流をグループで行う

　時間がないので，全体で2～3名が発表して終了ということが多いのだが，
振り返りも積み重ねをすると力に変わる。2～3分でもよいので，グループ
で1時間の学びの価値づけをすることを位置づけよう。それだけでも授業は
変わる。

第2章

「考え，議論する」
道徳科の評価

　第2章では，道徳の時間から道徳科への変更という状況の中で，どう授業が変わったらよいかを知り，そのための方法論について学び，実際に授業の改善に結びついていく評価について考えていきます。道徳科に相応しい評価とは一体どういうものなのでしょう。

1 何を，どう評価したらよいか

1 道徳科の授業で何を評価するか

評価とは何か

　私たちは，建て前としては授業をしたら必ず評価することになっている。なってはいるが，いつもいつもできているとは限らない。評価の目的は，学習者が目標をどれくらい達成したかを判断することと，学習者の評価の結果から自分の指導が適切だったかどうかを省察することである。この目的のうち，学習者の評価については，学期末に総括的に行えばよいことが多いので，ついつい後回しにしがちである。指導の評価については，みんな一生懸命取り組んでいるし，振り返りから満足している様子が感じられるから，まあ合格点かなと甘い点をつける。自虐的に言えばこんなところであるが，リアルに自分のことを言われていると感じる方も多いのではないだろうか。

　評価を行おうとする時に，教師がする作業は大きく二つに分けられる。一つは資料を収集することである。資料には，測定できる資料とできない資料がある。測定できる教科ではペーパーテストで評価資料を得ることもできるが，それだけに頼っていては，子供たちの内面にまで踏み込んだ評価はできない。また，測定できない教科では，子供たちの表面上の表れしか見ることのできない教師の評価もお粗末きわまりないものとなる。いずれにしても，測定できる部分と測定できない部分の両方をしっかりとつかむことが適正な評価をする前提となる。

　もう一つの教師の作業は，資料を基にしてどの程度目標に到達できたかを判断することである。判断という作業の中にどれだけのことを含むかによって評価の質は大きく異なる。収集した資料を数値化して計算ソフトに入れて評価完了とする教師にとっては，その時点が授業のゴールであるが，それを省察の材料としている教師にとっては，次の授業（単元）のスタートである。

一人一人の子供をどうフォローをしなければならないかが評価によって見えてくるからである。

　日本の教育では，評価はゴールを指すものと考えられることが多い。しかし，授業でも Plan → Do → Check → Action というサイクルを目指すことが常識となっているのであれば，Check（評価）の後には，Action（改善）が位置づけられているはずであり，Action につながる Check であるべきだろう。評価は子供の学習と教師の指導の両者を支えるものであることをもう一度意識して，「考え，議論する」道徳の評価システムを構築していく必要がある。

評価してこなかった道徳の時間

　これからの道徳科の評価について考えるための材料として，これまでの道徳の時間の評価について振り返っておく。

　道徳の時間が始まった昭和33年学習指導要領では，「児童の道徳性について評価することは，指導上たいせつなことである。しかし道徳の時間だけについての児童の態度や理解などを，教科における評定と同様に評定することは適当ではない」としている。なぜ他教科のように評定することが適切でないとしたのか。それは，道徳教育が道徳の時間だけでなく学校の教育活動全体で行われるものであるからということと共に，道徳の時間の学習を測定できる資料がない，あるいは測りにくく，客観的な評価作業がしにくいからである。

　そして，このように評価しにくいことも相まって，「評価することは，指導上たいせつなことである」とされながらも，ほとんど評価されずに半世紀以上が過ぎてしまったのである。評価されなかったことの大きな要因は，評価する必要がなかったことにもある。中教審答申（2014）で，「道徳教育に関しては，指導要録に固有の記録欄が設定されていないこともあり，必ずしも十分な評価活動が行われておらず，このことが，道徳教育を軽視する一因となったとの指摘もなされている」と評価と指導を総括しているが，全くその通りである。教科の場合は，指導のゴールとして成績というものがあるた

めに教師は必死にレベルアップを目指すが，道徳の場合は，それがなかったので指導にも力が入らなかったということである。評価にもいろいろな形のものがあるが，ともかく評価が存在することで指導のあり方が変わることを示すわかりやすい根拠になるだろう。

道徳の時間で評価しようとしてきたこと

　学習指導要領では評価が位置づけられてきたのに，実際は評価活動がほとんどなされてこなかったのだが，道徳教育及び道徳の時間でどのように評価をすればよいかについての検討は折々にされているので，道徳の評価について考えるための参考としたい。

　評価について論じたものの多くに共通していることとして，次の3点が挙げられる。

①一人一人の児童・生徒の全体の評価であるということ

②一人一人の児童・生徒の成長を評価の対象とすべきであるということ

③そのためには，指導の前後の児童・生徒の実態把握に努めること

　①については，道徳性を様々な観点，例えば「道徳的心情」や「道徳的態度」のように分けて評価することは困難であり，「道徳性」というひとまとまりのものとして評価すべきであるという考え方を示している。②については，一瞬一瞬の表れを取り上げて評価せず，連続したものとして捉える中で成長を認めていこうという評価の姿勢を示している。③については，評価の方法を示したものであり，①②の評価しようとするものを反映したものと言える。

　このように道徳の時間を中心に何を評価するかということについて考えられてきているが，評価の姿勢について道徳科と最も異なる点は，教科である限り1時間の授業での変容を促し，表れをしっかりと押さえていくことが強調されることである。そう考えると，児童・生徒の成長を見守り後押ししようとする評価の基本姿勢は同じだが，長いスパンでの成長を見守ろうとする道徳の時間と，短期的なスパンと中長期的なスパンの両方の成長を見守る必要のある道徳科の違いの中に評価の方向性が見えてくる。

道徳科で評価しようとしていること

　中教審答申の「①評価に当たっての基本的な考え方について」では，基本的な評価の在り方について，「児童生徒の成長を見守り，努力を認めたり，励ましたりすることによって，児童生徒が自らの成長を実感し，更に意欲的に取り組もうとするきっかけとなるような評価を目指すべき」と述べている。この答申を受けて教科化の方向性が明確になったのであり，指導と評価がセットで行われることを示したものであるので，今後の評価観を形作る上で理論的な支柱となる記述であると捉えてよいだろう。

　また，学習指導要領（2015）では，「学習状況や道徳性に係る成長の様子を継続的に把握し，指導に生かすよう努める必要がある。ただし，数値などによる評価は行わないものとする」としており，こちらは昭和33年以来，道徳の授業の評価に対する基本姿勢は踏襲されたものとなっている。

　以上の情報を受け，道徳科において評価することは，「学習状況」と「道徳性に係る成長の様子」であり，評価の形態は，数値などでの評価，つまり評定は行わず所見などによるということになる。教師の側から読み取ると，授業や日常生活から道徳性の成長を積極的，継続的に見取り，それを「指導に生かす」ことが求められているということになる。このことは，評価をしたらそれでおしまい，ではなく，評価を基に「児童生徒の成長を見守り，努力を認めたり，励ましたりする」ことが大切だということだ。そして，そのためには，他の教科と同じように，あるいはそれ以上に教師自身と児童・生徒との距離を縮めて接することによってしか実現しないと考えられる。自分が現在担当している教科の学習での子供との距離の近さを道徳でも，とイメージし，その近さになるような授業の組み立てをすることは，評価につながる指導というだけでなく，道徳科の授業改善の一つのアプローチとしても機能するものとなるにちがいない。

道徳の評価はどう変わるか

　道徳科の評価の姿勢については以上のようなものと捉えられるが，それをどういう形で示すかということについて，道徳科の創設に深く関わった押谷

第2章　「考え，議論する」道徳科の評価

は，「道徳性全体（道徳教育全体）を評価することではないのです。（略）評価すべきは授業を通した子どもの伸びしろです。（略）授業の中で道徳性がどのように育ったか，総合的に見ながら，伸びているところをしっかり表記すればいいと思います」としている（『総合教育技術』小学館，2015年2月号）。

ここで述べられている評価観は，先に述べた道徳の時間と比べると，
・一人一人の児童・生徒の成長を評価の対象とすべきであるということ
という点については共通しているが，
・道徳性全体を評価するのではないこと
という点については異なっている。道徳の時間時代の評価については，学校の教育活動全体での道徳教育と道徳の時間という二面性を一体として捉え評価するという姿勢であったものが，道徳科時代になって，一応両者を立て分けて評価していくという姿勢に変わってきている。

そういう評価への考え方に基づき，さらに具体化していく視点として田沼茂樹の「子どもの学びを次の教育活動へ発展させるための情報収集としての学び診断的な観点で論じられるアセスメント評価でなければならない」という提案（『道徳教育』明治図書，2015年2月号）を挙げておく。道徳を教科とは別の何とも表現しようのない枠組みとしての位置づけから，教科という枠組みの中での「学び」としての位置づけへと捉え直したことは，従来の教科での評価に道徳科の評価が迫るためには欠かせない視点である。

2 他の教科との違いから

評価しなければならないことはどの教科でも同じだが，どのように評価するかということについては，大筋は同じでもそれぞれの教科の目指すところに応じた評価があってしかるべきである。道徳科の評価と他教科の評価との違いについて簡単に述べれば，他教科では，課題が解決できることを到達目標とし，それをもって思考力や技能の高まりとするのに対し，道徳科では，授業での課題の解決をもって道徳的心情や道徳的判断力，実践への意欲の向

上につながったとはっきり言えないということである。

他教科の評価との違い

　例えば，算数科で考えてみよう。１年生の繰り上がりのある足し算である。「５＋７＝12」という問題を解くことができ説明できれば，繰り上がりのある足し算ができるようになったと見なすことができる。課題である問題を解くことができるかが評価の観点となるのである。体育科ではどうだろう。５年生の器械運動，鉄棒の逆上がりである。中学年での補助を使っての逆上がりをふまえ，補助を使わずに逆上がりができるようになれば，逆上がりの技能が身についたということになる。逆上がりができたという事実が技能の獲得を意味するのである。

　では，道徳科ではどうだろう。５年生で資料は「手品師」，内容項目は〔誠実〕である。手品師がひょんなことから知り合った男の子のためだけに手品を演じることになった経緯とそれに伴う心情を考え，手品師の思いに共感し，それを豊かに語ることができている。しかし，それをもって「この子は道徳性が高まった」と言い切ることはできない。道徳の学びでは，「できる」ことで道徳性を見きわめたり，道徳性の成長と見なしたりすることはできないのである。

できるかできないか

　教科の学習を見わたしてみると，どの教科でも「できる」か「できないか」という評価をしている。そして，その評価を受けて子供たちはできないことをできるようにしようと，さらに頑張るという構図となっている。当然のことである。教科では，できるようになることが目標を達成することにつながるからだ。

　しかし，道徳科では，まず「できる」「できない」の評価自体が難しい。道徳性が全くない子供はいないし，完全な子供もいない。よい行動をしているからといっても，素晴らしい道徳性を反映しているとは限らない。行動と道徳性が一致しているとは限らないから，一面だけを見て道徳性の評価はできないのである。また，評価できるかできないかはさておき，「この子は道

第２章　「考え，議論する」道徳科の評価　　37

徳的でない」と道徳性を否定的に評価することは人としてできまい。「できる」「できない」で評価することの危うさが道徳科にはある。

　このように，道徳科の評価では，これまでの教科の評価を当てはめて行おうとしても無理がある。安易に当てはめようとしないで，他教科も含めて評価自体をもう一度見直すことが必要となる。これまでの教科の評価に当てはまらない未知なる世界であれば，しばらくの間は授業者＝評価者により評価の観点や方法，結果が授業のレベルによってまちまちになることが容易に想像できる。その状況になることをなるべく避けるためにも，全ての教師が同じように評価できる環境を用意しておくことが理想ではあるが，また改革の重要なポイントでもある。

3　どう評価したらよいか

　教育における評価についての研究は，これまでにも数多くの仕事がなされているが，学校現場の教師にとってそれほど身近なものではないだろう。それは，研究者が提案するような理想を追求するようなものでなくても学校現場では十分通用するからである。しかし，新たな評価の形が求められている道徳科の評価を考えるために，これまでの評価のバリエーションについて学び，その中から相応しいものを探し，よりよい形に近づけていくことが近道だろう。そこで，評価に関する概念同士を比較的に示すことで，道徳科の評価にどのような形が合っているのかを考えていく。

アセスメントとエバリュエーション

　これまでに私たちが行ってきた評価は，その目的によって分類するとアセスメントとエバリュエーションの二つに分けられる。

　順序は逆になるが，私たちがしてきた評価のほとんどに当たるのは，実は「エバリュエーション」だったと言える。エバリュエーションは，なじみのある言葉で言えば「評定」である。「評定」は，教師にとっても児童・生徒にとってもゴールであり，取り返しのつかないものである。

　一方で，「アセスメント」は結果＝ゴールだけでなく，評価のための資料

となるプロセスの理解や把握を含んでいると考えればわかりやすい。より多面的に学習者の学びをつかむことにより，単に評定をすることにとどまらず，どうしたら次のステップに進むことができるか，何を補ったらよいかが見えてくるのである。私たちが日常的に使っている言葉で置き換えるなら，「見取り」に基づいた評価と考えるとわかりやすいだろう。

評価とアセスメント評価

評価とアセスメント評価は，用語でいえば「旧」と「新」の違いという程度の違いではあるが，評価観レベルの違いと捉えると私たちの指導観にまで影響するほど大きく異なるものである。

指導と評価の一体化のあり方から考えてみよう。「評価」という考え方では，教師の働きかけや努力の中で実現するというスタンスに基づくものと位置づけられる。とすれば，指導と評価の一体化は，教師のすべき仕事ということになる。

一方，「アセスメント評価」は，評価のための資料の収集によって得た評価結果を最終的には，児童・生徒にフィードバックし共有することによって，教師と児童・生徒が共にそれぞれの目指すものの改善を図ることにつなげていく。とすれば，結果的に指導と評価の一体化に教師と児童・生徒が協働して取り組むことになる。評価観の違いは教育観，学習観の違いなのである。

形成的評価（形成的アセスメント）と総括的評価（総括的アセスメント）

形成的評価と総括的評価との違いは，評価するタイミングと目的の違いである。

「形成的評価」は，指導の途中の折々の評価である。指導の途中であれば，それまでの達成度を評価し，足りない部分をどう補っていくかを検討し，フォローしたり手だてを変更したりすることにつなげることができる。

一方，「総括的評価」は，学習の成果を総合的に評価するものであり，これまではテストなどの客観的評価方法によって測ってきた。ここで終わりとするなら先に述べたエバリュエーションと同等のものとなるが，学習者にフィードバックするアセスメント評価の考え方を反映するものとするなら児

童・生徒に直接働きかけ新たなサイクルを生む評価となる。

パフォーマンス評価とポートフォリオ評価

パフォーマンス評価とポートフォリオ評価はどちらも学習のプロセスを評価するものであり，学びを質的評価しようとするアセスメント評価につながるものである。

「パフォーマンス評価」は，「文字，絵・図，映像，音声，身体表現などの形式で質的データが収集・記述され，それらを用いて質的な評価基準の下で生徒の学習や教育活動などの質が評価され，さらに，その評価結果が文章などによって質的に表現される」（松下佳代「質的評価の方法」，下山晴彦代表編集『誠信心理学辞典』誠信書房，2014年）ものを評価しようとするものである。そのときどきのパフォーマンスを評価するものであるから，形成的評価（形成的アセスメント）に有効と考えられる。

「ポートフォリオ評価」は，「学習活動において児童生徒が作成した作文，レポート，作品，テスト，活動の様子がわかる写真やVTRなどをファイルに入れて保存」（エスメ・グロワート著　鈴木秀幸訳『教師と子供のポートフォリオ評価』論創社，1999年）したポートフォリオにより評価するものである。ポートフォリオの作成自体が学習のまとまりごとを単位としていて時間のかかる作業であるから，総括的評価（総括的アセスメント）に有効と考えられる。

現在においても評価の決め手はテスト法によるものであると考えている教師が多いと思われるが，テスト法で評価できるのは主としてどれだけできたかを測る量的評価である。量的評価を決して否定するものではないが，その子がどのように成長したかを問う質的評価をどういう形で取り入れることができるかを考えることが，今後の評価観を築いていくカギである。

どう使い分けるか

これまで述べた道徳科の評価についてまとめておきたい。

道徳科の授業についてはこれまでほとんど評価してこなかった，評価しなくてもよい状況だった。しかし，評価しなければならない状況になった時，

何を評価したらよいのだろう。他の教科の授業で考えれば，1単元の授業中の表れやテストなどの材料で評価すればよいのだが，道徳の授業では単元という考え方がそもそもなく，1時間という短い単位で評価しなければならないという点，また，知識・技能を評価するものでもなく抽象的な道徳性をどう評価したらよいかという点，さらに，実践化を目指す道徳において行動の表れの評価との関係づけをどうするのかという点，このように評価の前に難題ばかりが立ちはだかる。しかし，まずはそれらの問題をクリアすることを考えるのがよりよい評価の形を見定めることにつながる。

　教科として授業をするのであるから，押谷が述べているように1時間1時間の授業で評価をするということが基本である。そこでの評価は，何をどう考えたか，また，1時間の中でどう変容したかということになる。ただ，道徳の授業の場合には道徳性の成長，実践化ということを考えると授業時間中だけを評価すればよいということにならないことは，誰もが考えていることである。では，日常生活のよい表れを全て道徳の授業の評価として取り入れてよいのか。その点については，授業とのつながり，授業の延長として捉えられる部分については評価できると限定しておくべきであると私は考えている。そして，そのような評価をするためには，授業と日常を関係づけながら，児童・生徒を見取る取り組みをすることが重要であると考える。

　具体的には，まずは，児童・生徒の成長をしっかり見取り，さらにそれがその後の児童・生徒の成長に結びつくことが重要であろう。評価のための評価，教師が評価するための材料探しに終わってしまってはならない。

　道徳性の評価であるからともすれば曖昧な評価となってしまう。そうならないために，授業時の見取りや資料の積み重ね，ポートフォリオなどによって評価しようとすることになろう。しかし，それらの結果の積み重ねをしても，結果を書き連ねるだけに終わってしまっては成長の評価に結びつかない。また，同じような表れであっても道徳的な質に違いがあることもあり，一面的な見方では適切な評価にならない。そして，不十分な授業をしていても結果だけを見るならば評価は可能だが，しっかりとプロセスを評価するために

は評価に耐えうる授業をすることが求められる。

　このようなことを考えるならば，児童生徒の学習を正当に評価し，学習のプロセスを評価できるように指導できているかの授業評価につながるパフォーマンス評価，ポートフォリオ評価を取り入れていくことが必要であろう。1時間の中でのパフォーマンスの波及効果を実際に見取ることができるのは比較的短い期間に限られるであろうから，短期，中期的な評価についてはパフォーマンス評価を積極的に取り入れ，中期的，長期的な評価についてはポートフォリオ評価を積極的に取り入れる。

　以上をふまえると，道徳科の授業を評価する構えとしては，1時間の授業を評価するパフォーマンス評価を基本として，中長期的な評価にポートフォリオ評価を取り入れていくことが最も有効であると考える。そして，基本となるパフォーマンス評価を実現する評価方法として，主観的評価に頼りすぎないようにする一定の評価の物差しとなるルーブリックを使った評価を取り入れることで，評価を大幅に前進させることができる。

2　ルーブリックで評価する

1　ルーブリック評価とは

単元の時数と評価

　道徳科の授業での一つの教材にかける授業時間は，例外的に2時間を使っての場合も考えられるが，道徳の時間と同様に基本的に1時間単位の授業である。1単元に10時間以上もかける場合には，1時間ごとの評価を総合した単元全体の評価，総括的評価が重要になり，逆に，1時間ごとの評価の位置づけは複雑なものになる。一方，1時間とか2時間といった短い時間の繰り返しとなる道徳科では，1時間の授業の評価が単元の評価となり，そこにうまく力を注ぎ込むことができれば，すっきりとした評価ができる。

　1時間の道徳科の評価を考える上では，児童・生徒のパフォーマンスにつ

いてどのような方法で評価をしたらよいだろう。量的に計測することが難しく，何より量的な評価にそぐわない道徳性の成長を見る評価であるから，一人一人の成長の質に目を向けるような評価であることが求められる。しかし，一人一人の子供の姿の全貌を評価しようとしても，漠然とした評価になることは避けられないため，授業の分節ごとの活動の様子を抽出して評価することになる。そこに一定の物差しがあれば，他の子供と比較したり，感性に頼ったりする評価になることを避けることができる。このような理由から，道徳科の評価では，ルーブリックによる評価を取り入れることが効果的であると考える。

ルーブリックとは

　ルーブリックとは，評価の観点を設定しておいて，その評価の観点について「達成の度合いを示す数値的な尺度」と「それぞれの尺度に見られるパフォーマンスの特徴を示した記述語」で評価指標を設定し，マトリックス形式で示したものである（高浦勝義著『絶対評価とルーブリックの理論と実際』黎明書房，2004年）。例えば，本書の読者であるみなさんがこの本を通して学ぶとしたらどう成長をするかを評価するルーブリックとして示してみたい。

　評価の観点としては，「道徳科の趣旨を理解し，授業づくりにつなげるこ

観点　　　尺度	ますます	よい	とてもよい
道徳科の趣旨を理解し，授業づくりにつなげることができる。	・道徳科の趣旨について考えながら授業づくりができる。	・道徳科の趣旨を捉え，趣旨を反映した授業づくりができる。	・道徳科の趣旨を捉え，趣旨を反映した工夫された授業づくりができる。
ルーブリックについて理解し，道徳科の授業のためのルーブリックを作成することができる。	・ルーブリックの構造を押さえ，評価を想定してルーブリックを作成することができる。	・ルーブリックのよさを理解し，そのよさを生かしてルーブリックを作成することができる。	・ルーブリックのよさを理解し，そのよさを生かし授業に生かせるようルーブリックを作成することができる。

第2章　「考え，議論する」道徳科の評価　43

とができる」と「ルーブリックについて理解し，道徳科の授業のためのルーブリックを作成することができる」という二つを挙げてある。この二つの観点について，「まずまず」「よい」「とてもよい」という3段階で評価するとしたら何を目安にしたらよいかを記述語として設定した。

　ちなみに，このルーブリックの記述語は，理解→活用という形になっており，活用の部分は授業づくりをするとかルーブリックを作成するなどの目に見える形にしてある。目に見えない形のものを公平に，客観的に評価することは難しいので，できるだけ「〜について説明する」「〜に書く」「〜で表す」などのいわゆる表現動詞の述語にすることがポイントである。目に見える学習者の活動，つまり，パフォーマンスを評価するパフォーマンス評価の評価方法として最適なのが，ルーブリック評価ということになる。

　本書を読み終わって，「道徳科の趣旨を捉え，趣旨を反映した工夫された授業づくりができ」たり，「ルーブリックのよさを理解し，そのよさを生かしてルーブリックを作成することができ」たりすれば，あなたは本書のよさを十分に理解し，実践に役立つものを得ることが十分にできたということになる。そして，それが読者のみなさんのパフォーマンス評価となるのである。ただ本を読んで，「ためになった」とか「使えそうだ」と思っただけでは，本当に身についたかどうかはわからないのである。ルーブリックを使うことのよさは，具体的な行動で評価できるように，評価者自身が学習者の行動を設定するようになる，つまり意志をもって評価しようとするようになることにある。

　ところで，ルーブリックを評価に取り入れようとすることが始まったのは，相対評価から絶対評価へと評価のパラダイム転換が行われたことがきっかけであり，「比較して」ではなく，「その子」と「目標」に目を向けた評価をしようとしたことによる。このルーブリックを生かした評価に対する考え方は，先に述べたように道徳科の評価の考え方にも沿ったものであると言え，積極的に取り入れる意義は大きい。ただし，他教科で取り入れてきた中での不都合や，他教科との教科の特性の違いをふまえることなどを考え，道徳科に合

ったルーブリック評価を工夫することが必要となる。

ルーブリックが普及しないわけ

　これまでにも教科でルーブリックを取り入れようとする取り組みは一部の研究校において見ることができる。しかし，評価方法として全く定着していないどころか，「ルーブリック」という言葉自体が学校現場に浸透していないというのが現状である。ルーブリックが学校に入っていかない理由として，次の２点が考えられる。

　第一に，学校現場の多忙さ，あるいはルーブリック作成の煩雑さにより，ルーブリックが作成されにくいことが挙げられる。今現在，先生方は評価できなくて困っているわけではないから，新しくよさそうだが面倒な方法を取り入れようとはしない。当然ながら，評価のレベルは上がっていかない。

　第二に，これまで必要とされていた評価が，単元終了後や学期ごとの評価であったことが挙げられる。評価の出番が通知表や要録の作成時だけということになれば，１時間ごとに授業を評価しようという発想にはなかなかならない。それに呼応して，ルーブリックの基になる評価規準も単元を単位としている。評価規準を基に１時間ごとの授業に対応するルーブリックを作成して使うには，大括り過ぎて使いにくいのである。また，そもそもこの評価規準自体が活用されるのは研究授業で指導案を書く時くらいで，日常の授業実践の中ではほとんど使われていない。客観的尺度に基づいて評価を積み重ねていくという習慣がまだ根付いていないようである。もしかしたら，文字によって示された評価の物差しを使うこと自体，子供たちの学習を機械的に見ることなのだというような先入観が学校現場にあるのかもしれない。

　このように，これまでの教科指導には使いにくいものだったルーブリック評価ではあるが，１時間を基本的な単位とする道徳科においては逆に使いやすいものになる可能性が高い。ただ，実際に使えるようなものにするには，これまでに使われてきたものをそのまま道徳科に当てはめるのでは状況の変化を生み出すことはできない。道徳科という教科の特性に合ったルーブリックの開発を授業づくりと共に進めなければならない。

第２章　「考え，議論する」道徳科の評価

2 ルーブリック評価の長所と短所

　完璧な教育方法も評価方法もないのであるから，ルーブリック評価にも長所もあり短所もある。長所を生かし短所を最小にとどめるのが万事の鉄則であり，ルーブリック評価についても長所，短所を押さえ，その特性を最大限生かすことを考えていく。

ルーブリック評価の長所

　ルーブリック評価の長所として挙げられるのは，まず，客観的評価をすることができるということである。目標をどのように達成できたかをストレートに表すことのできる評価である。このことは，現在の評価観である目標に準拠した評価，絶対評価につながるものである。

　また，評価を教師だけのものとせず，子供と共有するものにしうることが挙げられる。教師が作成したルーブリックを学びはじめの段階に示すことで，学習者が自分の目指すところを理解した上で，自分なりにどう取り組むかを考えることができる。高校，大学であれば生徒・学生が自らルーブリックを作成し，目指すところを考えた学びの道筋をデザインすることができるだろう。このように，学習者の主体的な学びを実現する可能性を持つ評価の方法がルーブリック評価なのである。

ルーブリック評価の短所

　イメージ，先入観だけの問題かもしれないが，ルーブリック評価は機械的な評価であり，人間味のある評価につながらないということが挙げられる。評価の観点を示し，それに何段階かのレベルを設定し，それに合った記述語を配置するということは，ただ「どこに当てはまるか」を決める作業をするだけなのではないかという指摘である。この通りに評価をするのであれば，確かに短所として挙げることができるが，どの記述語に当てはまるかを判断するために，可能な限り多くの資料を集めようとしている教師の姿勢を背景としているならば，決して機械的にも人間味に欠けるものにもならないだろう。要は，評価しようとする教師の姿勢の問題である。

ルーブリック評価を行う上で最も大きな障壁となるのが，煩雑な作業を伴うということである。既成のルーブリックを利用するのではなく児童・生徒の実態に合ったルーブリック評価をするには，自分の授業デザインを考え，評価規準と照らし合わせ，ルーブリックを作成するという作業を伴う。

　学校現場の多忙さを考えれば，ルーブリック評価を取り入れること自体に無理があると言えるが，評価規準をふまえた評価の物差しが頭の中に入っていることは，指導する者として当然のことであり，マトリックスというテキスト化したものにしなくても，少なくともルーブリック評価の理念を反映した物差しが頭の中に入っているだけでも評価は格段に向上するものと考える。常に頭の中にルーブリックが存在する状況をつくるために，授業研究の場でルーブリック作成をしてみて，授業後にそれを使った評価を参加者全員で体験する研修を行ってみればよい。少ない負担で最大限の効果を手に入れればよいのだ。

3　道徳科の授業とルーブリック

　ルーブリック評価の有効性も道徳科におけるルーブリック評価の必要性もこれまでに述べた通りであるが，具体的に道徳科でルーブリック評価をしていく上で，ルーブリック自体の構成について，道徳科という教科の特性をふまえる必要がある。他教科のルーブリックの流用でよいのか，よくないのか。そのまま使えないとしたら，どこをどう変えればよいのか。

算数科のルーブリックは道徳科に使えるか

　算数科のルーブリックの実践例（広島大学附属東雲小学校著『小学校教育に求められる基礎・基本を問う』東洋館出版社，2006年）について検討することで，道徳科のルーブリックを考えるヒントとする。

　第3学年の算数で，単元名は「かけざん」。本時の課題は，「15×15と14×16の答えの差について，図，言葉，式などを用いて，できるだけわかりやすく説明する。」という設定で，次のようなルーブリックが使われている。

　Ⅰは，答えを出すことができない。Ⅱは，答えを出すことはできるが，説

第2章　「考え，議論する」道徳科の評価　47

評価の観点	Ⅰ	Ⅱ	Ⅲ	Ⅳ
図形表現を用いて，積の差について説明することができる。	積の差を求めることができない。	積の差を求めることはできるが図形的表現を用いて，その差について説明することができない。	図形表現（部分積の一部の移動）を用いて，積の差について説明することができる。	図，言語，記号などの表現様式を組み合わせて，積の差について説明することができる。

明はできない。ⅢとⅣは，答えを出し，説明することもできるが，説明の仕方に差がある。目標（評価の観点）である「図形表現を用いて，積の差について説明することができる」をクリアしているのは，ⅢとⅣで，ⅠとⅡは到達していないということになる。

　このように，算数科では，できる／できないがはっきりとしている。当然，できるとできないの溝を埋めるための働きかけをすることが重要であり，教師は，何とかして「少なくともⅢに」引き上げるための努力をしているのだろう。しかし，このルーブリックからは，何をしたらⅢ，あるいはⅣになるのかを読み取ることはできない。プロセスを評価しようとしているけれども，結局は，結果を評価することになっているのである。そういう意味で，パフォーマンス評価とテスト法で評価した結果が近いものになることが多いだろう。このような形のルーブリックは，できることの評価をしているのであるが，同時にできないことの評価をしているのでもある。

できる／できないを脱する

　先にも述べたが，道徳性は誰にも備わっている。ただ，望ましい自分になる途中のどの辺りにいるのかが人によって少しずつ違っているのである。したがって，道徳科の授業の評価は，（どれだけ）できた，できないで評価するものではなく，現時点ではどんな考えを持っていて，それをどう言動に表そうとしているのかを評価し，そこに成長を見出そうとするものでなければならない。

同じ行動として表れていても，内面が人によって少しずつ異なっているのであれば，その異なっている内面を評価したい。ルーブリックが，子供たちの今いる場所を明らかにし，進んでいく方向を示し，そのためにどんなことを考えたらよいかがわかるようなものが理想である。評価に際してより質的に評価することができるルーブリックとなることが求められるのである。

3 〈わかる〉〈つなぐ〉〈生かす〉で評価する

1 ICE モデルと道徳科

道徳性を測る「尺度」とは

　前節までに，道徳科の学習においては，量的であるよりも質的な評価をすることが子供たちの成長の後押しによりつながるということを述べてきた。このことをルーブリック評価で実現するためには，学習者の学びをどう位置づけるかという点で，「評価の観点」や「記述語」の検討をする以前に「尺度」の検討をする必要がある。そして，道徳科の学びの「尺度」を設定するには，道徳科の学び自体を分析していく必要がある。

　道徳性は，〈頭の中でわかっている〉レベルから〈行動できる〉レベルまである。行動できることは道徳性の表れであるけれども，行動できないが思ってはいることも道徳性の表れであるからだ。だから，〈頭の中でわかっている〉にとどまっていることは決してダメなことではなく，こういう段階にあることもしっかりと認めてやれる評価でありたい。なぜなら，〈行動できる〉に行き着くためには，〈頭の中でわかっている〉ことはどうしても必要なことであり，通ってこなければならない通過点だからである。

　このように考えるならば，道徳科のルーブリックの尺度を，ａ，ｂ，ｃやⅠ，Ⅱ，Ⅲの〈できない→できる〉で構成するのでは子供たちの成長につながりにくい。そこで，パフォーマンスの背景にある「考え」の深さを表すものにすることで，子供たちの成長の後押しにつながるのだと考えられる。

第2章 「考え，議論する」道徳科の評価　49

ICE モデルをヒントに

　ここで，道徳科において，子供たちの「考え」の深さをより質的に評価するための評価システム構築のために，私は ICE モデル（S.F.Young & R. J.Wilson，土持ゲーリー法一監訳『「主体的学び」につなげる評価と学習方法　カナダで実践される ICE モデル』東信堂，2013年）という学習理論が有効であると考えている。ICE モデル（あるいは ICE ルーブリック）の ICE は，Ideas =「考え」，Connections =「つながり」，Extensions =「応用」の頭文字を連ねたものであり，学習をこの三つの段階で構成することを提案している。

Ⅰ：学習する内容を知識として取り込む学び。

Ｃ：つなぐ学び。既習の知識や技能と新たに学習して取り込んだ知識を連結して新たな概念や考えを創る学び。

Ｅ：生かす学び。Ideas や Connections の段階での学びを別の学習活動に広げたり，あるいは集団や社会で生きていくことに生かせるものとしたりする学び。

　学びをこのような三つの段階を経るもの，あるいは三つの段階の集積と捉えている。そして，このような段階的な学びをすることが問題解決学習を実現し，実社会においても問題解決的に学習し，問題解決的に生きていく子供を育てることにつながるとするものである。

　ヤングらは，評価の姿勢についてのわかりやすい例として，算数の繰り上がりのある計算についての2人の児童の間違い方を取り上げて次のように分析している。

ジル			ジャック		
3) 　37 +46 　82	5) 　269 +675 　934	10) 　26 +37 　62	3) 　37 +46 　73	5) 　269 +675 　834	10) 　26 +37 　53

ジルとジャックはこの小テストで同じ成績を取り，間違えたのも同じ問題であった。しかし，二人の答案で間違いのパターンを見ると，それぞれの学習（習得）程度には大きな違いがあることが見て取れる。ジルは7と6を足すと12になるという考え（Ｉ）レベルの間違いを繰り返している。一方でジャックは足し算をする時に位を移していない，ということは繰越というつながり（Ｃ）がまだできていないということの表れである。

　この学習では，「繰り上がりのある足し算を使って，2桁，3桁の計算ができる」という評価規準が設定され，その評価規準を基にしたルーブリックでは，どちらの児童も「できない」に分類されてしまうだろう。このようにテスト法で量的に評価した場合には同じように見えるケースも，ICEモデルを応用したルーブリックで評価することによって質的評価ができるようになり，「この子には，このことを補習させることが必要だ」ということが見えてくるようになる。また，従来の評価規準やルーブリックにしばしば見られた「ほとんど」「多少」「少しは」「よく」といった実は評価を困難にすることになっていた曖昧さを加える修飾語が，ICEルーブリックにおいては異質に感じられ，具体的で表現的な動詞で置き換えられることにもなる。

　このように考えると，表面上に現れた結果がどのような内面からのものかを見取る必要のある道徳科において，ICEモデルの考え方を取り入れることに大きなメリットがあると言える。なお，Ideas, Connections, Extensionsの訳語として，訳者の土持らは，それぞれ「考え」「つながり」「応用」という訳語を用いているが，私は，道徳科の学習過程をより質的に表し，また，よりイメージしやすくすることを考えて，〈わかる〉〈つなぐ〉〈生かす〉という三つの動詞で構成することを考えた。

2　〈わかる〉〈つなぐ〉〈生かす〉で評価する

　まずは，道徳科の授業の三段階として考えている〈わかる〉〈つなぐ〉〈生かす〉について，それぞれの段階にはどのような学びがあり，どういう意味を持っているかを示し，学びの構造を明らかにしておく。

〈わかる〉学び

　道徳科においても，他教科と同様に学習の対象となる事柄，ここでは内容項目である道徳的価値について認識し理解しておくことが重要である。道徳的な行動ができたとしても，その裏付けとなる内面に価値が位置づけられていなければ，時と場によって揺らぐことにもなるだろう。

　〈わかる〉ことの内容としては，まずは，教材（資料）を読んでそこに存在する道徳的価値に気づくことである。例えば，主人公の行動を「誠実」と捉えることができなければ，「誠実」を学ぶことはできない。小学校低学年では「これが誠実なんだ」と理解するところからはじめなければならないが，その気づきでさえも認めてやるべき表れなのである。さらにその先の段階として，道徳的価値の意味を深く考えることで大切なことだと思うようになったり，具体的にどう行動したらよいかを考えたりすることが挙げられる。

　この部分は，いわゆる「建て前」として捉えられるものと言うこともできる。正しい行動は，多くの子供たちにとっては「わかりきったこと」であり，それを出し合って終わりというような授業は，子供たちの変容を促さないばかりか，きれい事を言っていれば世の中を渡っていけるのだというような風潮をつくってしまうことになりかねない。わからない子には〈わかる〉ことが大事だが，〈わかる〉段階にいる子供がいかに次の〈つなぐ〉段階に進めるようにするかが教師の腕の見せ所となる。

〈つなぐ〉学び

　道徳科の学びというのは，A「自分自身」，B「人（他者）」，C「集団や社会」，D「生命や自然，崇高なもの」との関わりとなっているが，突き詰めれば対象と自分の関係をどうつくっていくかということに尽きる。資料を丁寧に読んで思いやりとはこういうものだとわかったとしても，それが他者に向いて，しかも相手に思いが伝わらなければ何にもならない。建て前を語ることの多い〈わかる〉学びから一歩進んで，本音で語り合うのがこの〈つなぐ〉学びなのである。とすれば，道徳科の授業で中心となるべき学びはこの部分ということになる。

〈つなぐ〉とは，何と何をつなぐのかと言えば，資料を通じて理解した道徳的価値と自分であり，過去の自分や未来の自分と現在の自分でもあり，さらに，友達と自分，社会と自分，自然や地球と自分である。自分が何かとつながり生きていることを意識し，自分を見つめることが大切なことである。

〈生かす〉学び

〈わかる〉学び，〈つなぐ〉学びをふまえて，授業時間内で〈生かす〉学びにまで到達できる児童・生徒は多くないかもしれない。なぜなら，〈生かす〉の内容は，〈わかる〉〈つなぐ〉をふまえた行動をしようとしたり，実際にできたりすることであり，また，生活をよりよいものにしようと努力したり工夫したりすることを目指すものだからである。この部分は，授業で目指すものというよりも，私たちが日々の生活の中で目指しているものであり，大人の私たちでもなかなか到達できないものである。性急に行動を促しても，児童・生徒にとって，結局先生にやらされているという気持ちを少なからず持ちながら行動することになるとしたら，その行動は〈わかる〉レベルに戻ってしまったものとなる。

したがって，道徳科という範囲で私たちが目指すのは，実際の行動というよりも「しようとする」意欲を引き出し見取り，認めてやることであると考える。この「兆し」を見取る教師の目が，子供たちの道徳性を育てることになるのである。また，授業後の児童・生徒の様子から成長を見取っていく，長いスパンでの評価をする場でもある。児童・生徒の前向きな行動を見た時に，「前に授業でこんなふうに言ってたけど，今はどう思っているの？」というように聞いてやることで思いを引き出し，行動と対応させてやることをするのである。このように「兆し」を見取ったり，事後の行動を意味づけたりする上でも，〈生かす〉を授業に位置づけて臨むことが重要なのである。

3 〈わかる〉〈つなぐ〉〈生かす〉を生かしたルーブリック

道徳科としての評価の構造

1時間の道徳の授業の中で行われている様々な活動を〈わかる〉〈つなぐ〉

第2章 「考え，議論する」道徳科の評価　53

〈生かす〉という学びのレベルに分類し，ルーブリック化した。

わかる	つなぐ	生かす
・教材（資料）に含まれる道徳的価値の存在に気づいたり，考えたりする。 ・道徳的価値の内容がわかり，大切なことだと思う。	・道徳的価値と自分の関係を捉える。（道徳的価値と自分をつなぐ，過去，未来の自分と現在の自分をつなぐ） ・道徳的価値同士の関係を捉える。（道徳的価値同士をつなぐ） ・自分と友達の関係を捉える。（自分と友達をつなぐ）	・〈わかる〉〈つなぐ〉をふまえた行動をしようとする，できる。 ・生活をよりよいものにしようと努力したり工夫したりする。

　これまでの指導案での表記は，教科での「目標」に当たる「ねらい」として「～しようとする心を育む」というような表記となっている。例えば，ある生命尊重をテーマにした中学校のある指導案では，「生命の尊さを理解し，かけがえのない自他の生命を尊重する心を養う」というねらいを設定している。これでは具体的に何を生徒に考えさせれば生命尊重の心を養うことにつながるのか，またそれをどう評価するのかが伝わってこない。

　ここに挙げた事柄は，これまでに道徳の時間の授業でしてきたことを挙げ，道徳科の授業ですべきこととして，どういう思考をさせたらよいのかをふまえて変換し，段階ごとに書き分けたものである。そうするだけで，道徳的価値に向かっていく児童・生徒の姿が具体的に目に浮かぶようになるだろう。「こんなこと考えてくれたらいいな」という児童・生徒への願いを目指すものと実態の間で客観的に位置づけておくことが，私たちが，道徳科の授業を始める前にまずしておかなければならないことである。示したものは，道徳科としての評価の構造をルーブリックにしたものであるが，実は，道徳科という教科の授業の構造を示したものでもある。

内容項目のレベルに具体化する

　この道徳科としてのルーブリックに基づいて授業をするに当たって，次の行程として内容項目の内容について分析し，近接の道徳的価値との関係を含

めてその構造を明らかにしておく必要がある。授業をしようとする内容項目について，先のルーブリックに示した内容を具体化しなければ授業に結びつかないのである。

　「思いやり」を例に，ルーブリックにしたものが下表である。小学校から中学校までを含むものとして示してあるので，各学校・学年段階で作成する場合は，発達段階を考え，系統化する必要がある（第3章では，系統性を考慮し，大まかな目安として小学校下学年・上学年，中学校別に示した）。

「思いやり」の評価の構造（ルーブリック）

わかる	つなぐ	生かす
・友達や身の回りの人に対して，親切にすることのよさがわかる。 ・登場人物などの思いやりが感じられるところがわかる。 ・思いやりがどういう形で表れるかがわかる。 ・思いやりがあることで，どのようによさにつながるかを考えることができる。	・友達や身の回りの人の親切，思いやりに気づく。 ・友達の言動に思いやりを見出し，感謝することができる。 ・自分の生活を振り返り，自分の思いやり度を理解する。 ・思いやりの気持ちと実行することのギャップやその理由について考えることができる。	・友達や身の回りの人に対して，親切に接しようとする。 ・相手の気持ちを大事にすることができる。 ・相手の気持ちを考えて行動することができる。 ・相手にとってよいと思う判断をした上で行動することができる。

　授業について考える時に，どこまでが教師の領域でどこからが学習者の領域なのかに悩むことは多い。主体性を脅かしているかいないかが教師にとっては気になるところなのだが，どう考えるかは学習者に任せるしかない。ただ，何について考えさせるかについては，ある程度教師側が構想をもって臨むべきである。その構想の柱が内容項目ごとのルーブリックとなる。

　内容項目が，教師によって，児童・生徒によって異なるのでは道徳性の基準である内容項目としての位置づけに矛盾することになる。したがって，ある程度絶対的なものとして捉えておく必要があり，そうなれば汎用的なものとして利用することができる。もちろん，作成したものが完璧なものである

はずなく，常によりよいものを目指して改訂と共有を繰り返していく必要は
ある。そして，それを１時間の授業として児童・生徒のものにしていく際に
は，様々なレベルにある児童・生徒に合った授業の展開や評価のためのルー
ブリックに反映していくことになる。

１時間の授業レベルに具体化する

　内容項目「思いやり」のルーブリックに基づいて，中学生を対象とした
「カーテンの向こう」という資料を使っての授業を想定し，評価のためのルー
ブリックを作成した。

「カーテンの向こう」のルーブリック

わかる	つなぐ	生かす
・ヤコブのとった行動の素晴らしさを感じ，なぜそうしようとしたかを考えることができる。 ・ヤコブの行動によって他の患者がどう変わったかを考えることができる。	・ヤコブの行動から自分の日常の言動を「思いやり」の観点から見直すことができる。 ・友達や周囲の人の思いやりを感じ，感謝の気持ちを持つことができる。 ・してあげたいと思ってもなかなかできない理由を考えることができる。	・これまでの生活を振り返り，さらに思いやりのある言動を心がけようとする。 ・友達の思いやりのある言動を認めることができる。 ・どうすることが相手にとって一番よいかを考えることができる。

「カーテンの向こう」のあらすじ

　私は，重病を患い，終末期の病棟に入院する。窓に近いベッドには，古
株のヤコブがおり，毎日窓のカーテンの隙間から見た外の世界の様子を楽
しく話して聞かせてくれる。ほかの者がベッドの場所を代わってくれるよ
う頼んでも，ヤコブは頑として応じない。やがて私は，妬みにも似たよう
な思いを抱くようになり，ヤコブが死ねば私が窓際のベッドに移れるよう
になるとさえ思うようになる。そして，ついにヤコブが亡くなり，私は窓
際のベッドへ。私がカーテンの向こう見たのは，楽しみに満ちた世界でも

何でもなく，ただの壁だった。

　このようなルーブリックに照らして評価することで，「この生徒は，どこまで考えているのか」，「どのように自分を見つめ直しているのか」といった道徳性に関わる部分に迫り，適切に評価することができる。また，それにより，「この生徒への次なる一手は何か」を具体的に考えることにもつながっていく。作成に際しては，「わかる自分」，「できる自分」，「しようとしてもできない自分」など様々な「自分」を意識させ，それを評価しようとすると多様な児童・生徒の表れを受け止めることができるようになる。

4 評価から逆算して授業をつくる

1 「評価が変われば授業が変わる」のはなぜ？

指導と評価の一体化

　逆算思考というのがはやりだが，いたずらに逆算してもダメである。よくあるパターンで，最もよくないパターンでもある逆算が，想定した結果，つまり教師の敷いたレールを逆からたどって授業の進め方を導き出す方法である。思い通りの「よい」授業にはなるが，子供たちは踊らされているにすぎない。逆算するのは，目標である。授業が目標の達成に向かって進んでいくのであれば，目標からの逆算によって授業を構想することにより，児童・生徒の思考の流れに沿ったものとなりやすい。思考の流れができることが，学習者にとっては安心して取り組める環境となるのである。

　目標を目指して授業を構想し進めているのであれば，目標にいかに迫ることができたかが評価の観点となり，評価をする上でも非常にすっきりとしたものになり，評価すること自体が自然なこととなる。なぜなら，目標からの逆算をすることで，授業者の目線は，さらに先へと向く。つまり，１時間から１単元，１単元から教科の枠へと意識が働き，どれだけ力がついたかが気

第2章 「考え，議論する」道徳科の評価　57

になって仕方ないことになるのである。PDCAサイクルの中で，Checkが適正に行われるならば，サイクルは永久に回り続けるが，Checkされなければそこでサイクルは止まる。評価をすれば次の指導に結びつくし，評価をしなければ次の授業に結びつかない。このように考えると，「評価できるような授業をする」ことが，授業をすること自体の前提となる。それができてはじめて指導と評価の一体化が成立する。その道筋は次の通りである。

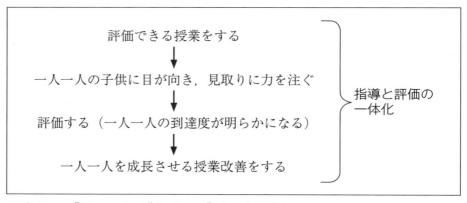

アクティブラーニングとルーブリック評価

　一人一人の活動の活性化を，協働や能動に求めるアクティブラーニングによって進めるとすると，その評価は，活性化したか——深まったかを問うことになる。むしろ，深まったかを問わなければ，ただの能動的学習にとどまってしまう可能性が大きいことは，これまでの失敗の経験から明らかである。

　評価の観点をしっかり設定して，その点についてどう変容したか，つまり，学習の質がどう高まったかを見るには，ルーブリックやポートフォリオによることが現実的である。そして，道徳科の学びに限って言えば，〈わかる〉〈つなぐ〉〈生かす〉という学習過程に基づいたルーブリックで評価することで，教師と児童・生徒がつながることも可能になる。

2　評価を授業の起点に

　このように，授業において子供の側に立って評価に耐える授業をし，そし

て有効な方法で評価することはとても重要なことである。そして，授業づくりの基点を，目指す子供の姿と評価に置くことによって，子供を生かしながら進める授業に変わっていくのである。

ゆくゆくは，学習者評価のためのルーブリックに

　評価は，今は，教師のものである。小テスト，単元テストだけでなくドリルにも点がつく。点数をつけるための評価方法であり，評価である。通知表，指導要録も然り，である。このままでは非常にもったいない。評価の持ついろいろな機能が発揮できるようにしたい。全てを変えるのは大変なので，今行っている評価をリユースするという発想で，変えていきたい。

　その大切な視点として，評価を学習者自身が行う学習者評価について触れておく。学習者自身が学習の見通しを持ち，解決の方法を考え，試行錯誤を繰り返しながら解決し，そのプロセスを自己評価し，さらに次の学習につなげていけるような学びでありたい。そのための最善の評価の道具がルーブリックなのであり，学習の道具がアクティブラーニングなのである。

　現在は，教師の努力の割になかなか改善が進んでいないから「主体的に」とか「能動的に」という言葉が幅を利かせている。しかし，子供たちが普通に主体的，能動的に学習に取り組むようになれば，それらの言葉自体が必要なくなる。それを可能にするのが，ルーブリックであり，アクティブラーニングである。

第3章

各内容項目の分析とルーブリック

　ある内容項目について授業をする時には，内容項目自体，内容項目を構成している道徳的価値について教材研究をするべきです。

　第3章では教材研究に役立つ各内容項目の分析とルーブリックについて，ご紹介します。

本章では各内容項目を分析し，内容項目ごとの指導と評価の指針となるルーブリックを提示する。指導すべき内容項目＝道徳的価値は，児童・生徒の学年段階を目安とした道徳的発達段階によって異なるので，同じ学年，同じ学級でも一人一人の受け止め方，受け止める内容は異なって当然である。しかし，ある程度の道徳的発達段階のレベルを押さえ，その前後の実態をふまえ，併せて児童・生徒の実態と目指すべき姿としておくことが必要となる。

　ここで示す内容項目ごとのルーブリックは，縦軸に学年・学校を３段階で設定し，横軸を道徳科の授業での到達度を表す〈わかる〉〈つなぐ〉〈生かす〉の３段階で設定し，それぞれの枠に道徳性に関わる記述語を示した。そこで心がけたこととして，次の４点を挙げておく。

①小学校低・中・高学年と中学校のつながり，系統性を捉えるものに

　なぜ小学校に自主がないか，中学校に善悪の判断がないかといったことを考えることで，道徳的価値の本質をつかむことができる。

②小学校中学年は低学年と高学年の両方の特徴を持っている段階と考え，小学校の下学年と上学年，中学校の３段階で作成するものに

　道徳的発達段階は究極には個別のものである。それを最大公約数的に捉えるために小学校段階を二つに分け，中学年を渡りの時期と位置づけることで，義務教育９年間を網羅するルーブリックとなるようにした。

③小学校，中学校の区分は一応の目安とし，どの学年・学校にも対応するものに

　中学生であっても小学校の段階にある生徒もいるし，その逆の場合もある。学年・学校段階を一応３段階に設定してあるが，連続的な道徳的発達段階であることをふまえて，どの学年・学校にも対応するものとなるよう記述語を配置した。

④同じ内容項目に含まれる道徳的価値同士の関係を捉えるものに

　例えば，善悪の判断，自主，自律，自由と責任について，小学校では，善悪の判断，自律，自由と責任が，中学校では，自主，自律，自由と責任がひとまとまりになっているが，その関係を前文で押さえた。関係を押さえておくことで，道徳的価値のぶつかりで混乱しても，動揺せずに授業できるし，

むしろ複雑で高度な授業にしていくことが可能になる。

内容項目ごとのルーブリックの生かし方

　本章で示した内容項目ごとのルーブリックは，実際に授業化する際に生かせるものとして考えてある。実践への生かし方のポイントを挙げておく。

教材研究に生かす

　道徳科の授業をする上で，まず，内容項目自体を理解することが必要である。内容項目がどういう道徳的価値なのかを理解していないと，ただ資料を読むだけの授業になってしまう。内容項目ごとのルーブリックを理解することが，内容項目を理解することにもつながる。

　次に，教材（資料）と内容項目がどう関連しているかを押さえておかなければならない。資料の中に複数の内容項目が含まれている場合には，内容項目間の関係を押さえた上で，どう扱ったらよいかを考えていく。また，このことは，本当にその資料で授業ができるかを考える上で欠かせない。この資料は今回の教材とすることは難しいということになれば，潔くあきらめて，より相応しい資料を探すべきである。

　教材として十分に使えるということになれば，目標の設定をする。〈つなぐ〉段階の記述語を中心にして，何を期待することが児童・生徒にとって最もよいかを考え，目標を設定し手だてを考える。

本時のルーブリック作成のヒントとして生かす

　授業を構想することと並行して評価のためのルーブリックを作成する。この教材で，どんなことを考え，意見としてアウトプットできたら〈わかる〉〈つなぐ〉〈生かす〉それぞれの段階に達したと言えるのかを考えることで，どういう発問をしたらよいかが見えてくるようになる。

よりよい形に更新しながら使う

　本章で示したルーブリックは，現時点で最善のものであると考えてはいるけれども，完璧なものであるとは言えない。たたき台である。常によりよいものを目指して，改訂作業を繰り返し，改訂しながらその時点でのベストを授業に反映するという姿勢でいたい。

第3章　各内容項目の分析とルーブリック　63

1 A 主として自分自身に関すること

善悪の判断⑪，自主⊕，自律，自由と責任

（⑪は小学校のみ，⊕は中学校のみ）

　善悪の判断は，全てを優先して身につけなければならない道徳的価値である。自主とは自分の意思によって行うことであり，自律とは自分自身の中にある規範に従って行動することであり，アクセルとブレーキの関係にあると言える。自主と自律が自分自身の生き方についての道徳的価値であるのに対して，自由と責任はより集団や社会でのあり方を意識したものである。したがって，自主，自律と自由と責任の関係は，どちらが上位かというような関係ではなく，内に向くものと外に向くものと考えると分かりやすい。

	わかる	つなぐ	生かす
小学校	・世の中にはよいことと悪いことがあり，区別しながら生活する必要があることがわかる。	・自分や友達の言動に善し悪しがあることに気づく。	・よいと思うことに進んで取り組んでいる。
小学校	・登場人物などの自主的，自律的に行動しているところがわかる。 ・自由と責任が裏表の関係となっていることがわかる。	・友達の言動に自由とそれに伴う責任を見出し，互いを認めている。 ・自分の生活を振り返り，自分の「自主的，自律的に生活しているか度」を理解している。	・よいと思うことに自信を持って進んで取り組もうとしている。 ・自主的に行っている行動について，これでよいか振り返りながら生活している。
中学校	・自主的に行動できる自由があることの素晴らしさを考えている。	・自由に行動することと責任を持つことのギャップやその理由を考えている。	・どのように責任を取ったらよいかを考えながら行動している。

正直⑩, 誠実⑩

　正直，誠実は小学校だけの設定となっている。このことは，上記の善悪の判断同様，人として生きていくための根底を形作る道徳的価値，大前提であるということであり，小学校の時期を逃すと正しい方向に向かわせることが難しくなることを示している。心身共に幼い時期は，我が身を守るため，自分が得をしたいがために嘘をついたり不誠実な行動を取ったりということがある。そういう自分にしっかりと向き合わせ，正直，誠実な行動を取ることが，他者のためだけでなく，自分のためにも最善なのだということを繰り返し指導したい。また，自分の中に，もう一人の客観的に考える自分の存在を認めることができる発達段階の見定めも重要となる。

	わかる	つなぐ	生かす
小学校	・嘘をついたり，人を欺いたりすることがよくないことだということがわかる。	・自分の言動を振り返り，正直だったことやそうでなかったことについて，話している。	・過ちがあった時に，自分の非を認め，素直に謝っている。
	・登場人物などの正直さや誠実に行動しているところがわかる。 ・正直に行動することが，時として自分の損になることがあるが，それでも正直，誠実を貫くことの大切さがわかる。	・友達の言動に誠実さを見出し，互いに認め合っている。 ・自分の生活を振り返り，自分の「正直度」を理解する。	・自分にとって都合が悪いことでも，正直に話したり誠実に対応したりしようとしている。 ・正直に，誠実に日々生活できているかを振り返りながら生活している。

第3章　各内容項目の分析とルーブリック　**65**

節度，節制

　節度とは，行き過ぎのない適当な程度を言い，節制とは，度を越さないよう控えめにすることを言うので，節度と節制は似た意味である。しかし，節度は「守る」ことをしなければ節制したことにならないし，節制しすぎても節度を守ったことにはならない。大人でも自身の身体の管理をすることがどれくらい難しいかを考えれば，納得できるだろう。

　節制することは大切だが，どれくらい自分を抑えて行動するかの程度が分からなければ節制することに意味が生じない。つまり，節度と節制は，「考える→行動する」の一組で機能する概念であると捉えて指導に当たることが求められるのである。

	わかる	つなぐ	生かす
小学校	・ほどほどにしなければならない場合があることがわかる。	・自分や友達の言動の中の節度や節制に気づいている。	
小学校	・登場人物などの節度，節制が感じられるところがわかる。 ・節度，節制がどのような時に求められるかがわかる。	・友達の言動に節度，節制を見出し，価値を認めている。 ・自分の生活を振り返り，自分の「節度，節制度」を理解している。	・節度，節制の気持ちを持って行動しようとしている。
中学校	・節度，節制があることで，どのようによさにつながるかを考えている。	・節度，節制の必要性と実行することのギャップやその理由について考えている。	・節度，節制の気持ちを持って行動できているかを振り返りながら生活している。

個性の伸長，向上心㊥

　個性の伸長を実現するためには，まずは，自分とは何かを考え，自分を意識する中で自分自身を知っていくことが必要不可欠であり，小学校の低中学年から積極的に促していくことが重要である。その過程で，得意な分野をきっかけにして自分を伸ばしていくことが個性の伸長につながる。個性の生きる社会は多様性に富んだ社会であり，自分を知り自分のよさを伸ばすことで同時に他者のよさを認めることにもつながっていく。小学校で漠然としていた将来への目標も具体化し，中学校で扱う向上心につながっていく。

	わかる	つなぐ	生かす
小学校	・人それぞれ長所があることがわかる。	・自分や友達のよいところに気づいている。	
小学校	・登場人物などの向上心が感じられるところがわかる。 ・向上心や個性伸長がどういう形で表れるかがわかる。	・友達の言動に向上心を見出したり，個性が伸びている様子に気づいたりし，価値を認めている。 ・自分の生活を振り返り，自分の「向上心のある生活度」を理解している。	・自分の個性を理解し，大事にしようとしている。 ・相手の個性を認めながら行動しようとしている。
中学校	・向上心や個性を伸長することがあることで，どのようによさにつながるかを考えている。	・向上心があることと向上心を持って生活することのギャップやその理由について考えている。	・向上するには何をすることが必要かを考えながら生活している。

第3章　各内容項目の分析とルーブリック　**67**

希望と勇気，努力小・克己㊥と強い意志

なぜ希望と勇気が一組になっているのか。それは，不撓不屈の精神（努力，克己と強い意志）を支えるのが，希望と勇気だからである。希望は，人を前向きな気持ちにさせるものであり，勇気は，時として前に進むことが不安に思えたり卑怯な方法に逃げようとしたりする弱い自分を奮い立たせるものだからである。したがって，希望，勇気，努力，克己を一体として扱う方が児童・生徒の思考の流れにも沿ったものとなると考えられる。

	わかる	つなぐ	生かす
小学校	・頑張ろうとすることの大切さに気づいている。	・友達の言動から，希望や勇気を持つことのよさがわかる。	・目標を設定し，目標に向かって努力しようとしている。
小学校	・登場人物などの希望や勇気と困難に立ち向かおうとする強い意志が感じられるところがわかる。 ・困難に立ち向かおうとする強い意志がどういう形で表れるかがわかる。	・友達の言動に希望や勇気と困難に立ち向かおうとする強い意志を見出し，価値を認めている。 ・自分の生活を振り返り，自分の「希望度」「勇気度」「強い意志度」を理解している。	・自分がどのように生きたいかを大事にしながら生活しようとしている。
中学校	・希望や勇気と困難に立ち向かおうとする強い意志があることで，どのようによさにつながるかを考えている。	・希望や勇気，困難に立ち向かおうとする強い意志の気持ちとそれらを実行することのギャップや理由について考えている。	・相手の希望や勇気を考えた上でどういう協力ができるかを考えて行動しようとしている。

真理の探究（小学校は５，６年のみ），創造⊕

　道徳の内容項目のうち，真理の探究ほど概念を捉えにくい道徳的価値はないだろう。真理とは何か，真理の探究とは何をすることなのか，何のためにするのか。それらの問いは，哲学の領域に踏み込んだ内容である。しかし，小中学校の道徳科の授業においては，真実は何なのか，正しいことは何かを突きとめようとする心という程度に押さえておきたい。身の回りの事象であっても，人間の行動についてであっても，本質を知ろうとし考えること，その中から創造への意欲も生まれてくる。

	わかる	つなぐ	生かす
小学校	・疑問を持ったことを解決した時の喜びを知る。 ・登場人物などが真理を探究しようとしている様子が感じられるところがわかる。 ・真理の探究がどういう形で表れるかがわかる。	・自他の興味の追究に気づき，認め合っている。 ・友達の言動に真理を探究しようとしている様子を見出し，価値を認めている。 ・自分の生活を振り返り，自分の「真理を探究しようとしている度」を理解している。	・興味を持った事物について，いろいろな方法で追究しようとしている。 ・自分の生活と真理を探究することの関わりを考えている。 ・真理を探究しようとする気持ちを持ち，そうしようとしている。
中学校	・真理の探究をすることで，どのように豊かな生活につながるかを考えている。	・真理を探究しようとする気持ちと実行することのギャップやその理由について考えている。	・真理を探究しようとしている友達を温かく見守り，応援している。

第３章　各内容項目の分析とルーブリック　69

2 B 主として人との関わりに関すること

親切⑪，思いやり

　小学校では親切と思いやりが，中学校では思いやりと感謝が一組になっている。親切はどちらかといえば行動が評価され，思いやりは心持ちが評価される。小学校低・中学年では具体的な行動から人を思いやる心を考えることをし，徐々に行動の奥にある思いやりや思いやりが形となって表れた行動について考えていくのである。友達の誤った行動への指摘など，親切とは言えないが思いやりのある行動と言えることなどが親切と思いやりの関係を表していると言えるだろう。

	わかる	つなぐ	生かす
小学校	・友達や身の回りの人に対して，親切にすることのよさがわかる。	・友達や身の回りの人の親切，思いやりに気づいている。	・友達や身の回りの人に対して，親切に接しようとしている。
小学校	・登場人物などの思いやりが感じられるところがわかる。 ・思いやりがどういう形で表れるかがわかる。	・友達の言動に思いやりを見出し，感謝している。 ・自分の生活を振り返り，自分の思いやり度を理解している。	・相手の気持ちを大事にしている。 ・相手の気持ちを考えて行動しようとしている。
中学校	・思いやりがあることで，どのようによさにつながるかを考えている。	・思いやりの気持ちと実行することのギャップやその理由について考えている。	・相手にとってよいと思う判断をした上で行動しようとしている。

感謝

　感謝とは，自分への親切や思いやりをありがたく思うこと，またその思いを態度に表すことができることである。児童・生徒への指導に際しては，感謝の気持ちは心の中に秘めているだけでは相手に伝わらないから，相手に伝わるように気持ちを表そうというところをポイントにすると考えられる。しかし，そこに至るまでの，他者の自分への思いを行動から感じ取ることや，その行動から自分は大事にされていると感じる部分についてしっかりとふまえた上での感謝の行動ということにさせたいものである。

	わかる	つなぐ	生かす
小学校	・「ありがとう」と言うことの素晴らしさ，大切さを知る。	・友達が感謝の気持ちを表していることに気づき，よさを認めている。	・進んで「ありがとう」と言っている。
小学校	・登場人物などの感謝の気持ちが表れているところがわかる。 ・感謝の気持ちがどのような形で表れるかがわかる。	・友達の言動に感謝の気持ちを見出し，価値を認めている。 ・自分の生活を振り返り，自分の「感謝度」を理解している。	・感謝の気持ちを伝えようと考えながら生活している。
中学校	・感謝の気持ちを伝えることが，どのようによさにつながるかを考えている。	・感謝の気持ちを伝えようとする気持ちと実行することのギャップやその理由について考えている。	・感謝の気持ちを行動に変えて伝えようとしている。

第3章　各内容項目の分析とルーブリック

礼儀

「礼儀正しい」という言葉がある。意味は，「礼儀をわきまえており，態度がきちんとしているさま」をいうのだが，この言葉が示しているように礼儀という形式がしっかりと身についていることが礼儀であると考えられていることが多い。しかし，真の礼儀はやはりその内面にあり，それが形として外面に表れるのであり，他者への思いやりや他者への感謝の気持ちを表現したものと言えるだろう。低学年では礼儀正しく行動できることをほめつつ，そのときの心のうちを引き出し，徐々に行動と心を一致させていき，中学年，高学年，中学生と成長するに従い，なぜそういう行動をするに至ったかを理解させていきたい。

	わかる	つなぐ	生かす
小学校	・礼儀正しくふるまうことのよさがわかる。	・自分や友達の言動の中の礼儀に気づいている。	・挨拶や礼，丁寧な言葉遣いを意識して行動している。
小学校	・登場人物などの礼儀正しさが感じられるところがわかる。 ・礼儀がどういう形で表れるかがわかる。	・友達の言動に礼儀正しさを見出し，価値を認めている。 ・自分の生活を振り返り，自分の「礼儀正しさ度」を理解している。	・礼儀正しく行動しようと考えながら生活している。
中学校	・礼儀正しい行動があることで，どのようによさにつながるかを考えている。	・礼儀正しくしようとする気持ちと実行することのギャップやその理由について考えている。	・相手の気持ちを考えて礼儀正しく行動しようとしている。

友情，信頼

　多くの授業における友情，信頼のテーマは，小学校低学年では「友達と仲良くすること」であり，高学年になるに従って「真の友達とは」となり，中学校では「友情とは何か」というものである。発達段階によってそのテーマは移り変わっていく。そこで，一貫して考える対象となるのは，「友達は自分にとってどういう存在か」ということである。助けてくれたり，助けてあげたり，共に楽しんだり，心の支えになったりといった，その時々の経験を基にしながら，子供たちの思いを素直に引き出すことで，「大事な存在」であることを確認させたい。その際に，子供たちの経験を求めすぎると，その話題の当事者同士ということにもなるので，中学生などでは具体論にし過ぎないことも必要となる。

	わかる	つなぐ	生かす
小学校	・身の回りの人（友達）と仲よくすることのよさがわかる。	・自分と友達との関わり方のよさやまずさに気づいている。	・友達を大切にすることを意識して行動しようとしている。
小学校	・登場人物などの友情や信頼が感じられるところがわかる。 ・友情や信頼がどういう形で表れるかがわかる。	・友達の言動に友情や信頼を見出し，感謝している。 ・自分の生活を振り返り，自分の「友情，信頼度」を理解している。	・友達との間にある友情や信頼を大切に思っている。
中学校	・友情や信頼があることで，どのようによさにつながるかを考えている。	・友情や信頼の気持ちと実行することのギャップやその理由について考えている。	・友情や信頼に応えられるよう行動している。

第3章　各内容項目の分析とルーブリック

相互理解（小学校は，３～６年），寛容

相互理解というからには，相手のことを受け入れようとする態度と，自分のことを理解して受け入れてもらおうとする態度の二つを持ち合わせることが必要である。そんなことは当たり前のことだと思うだろうが，前者は自分の努力で何とかなりそうでも，後者については相手次第の面があって，待つタイプの性格の持ち主が多い日本人とってはハードルが高いと言えるだろう。そのハードルを越えるには，本当の意味での多様性を身につけること，つまり，自分と他者は異なるが，その違いは尊重されるべきであるという思いを持つことが必要である。

	わかる	つなぐ	生かす
小学校	・自分に対する寛容な言動が当たり前の行為でないことを知る。	・友達とわかり合うことのよさに気づいている。	・友達の過ちを許そうと努めている。
小学校	・登場人物などが互いに理解し合っていると感じられるところがわかる。 ・相互の理解や寛容がどういう形で表れるかがわかる。	・友達の言動に相互の理解や寛容さを見出し，価値を認めている。 ・自分の生活を振り返り，自分の「寛容度」を理解している。	・身の回りの人の言動に寛容さを認め，感謝しながら生活しようとしている。
中学校	・寛容さがあることで，どのようによさにつながるかを考えている。	・寛容の気持ちと実行することのギャップやその理由について考えている。	・友達などの失敗に対して寛容な態度で接している。

3　C　主として集団や社会との関わりに関すること

規則の尊重⑪，遵法精神⊕，公徳心⊕

　身につけるべき道徳的価値の順から言うと，規則の尊重（小学校）→遵法精神（中学校）→公徳心（中学校）ということになろう。これをさらに段階的に示すと，①規則を守ることを知る→②規則を守らなければならない理由を理解する→③規則を守ろうとする→④民主主義の精神を理解し身につける→⑤よりよい社会創造の意欲をもつ，となる。①〜③が規則の尊重，④が遵法精神，⑤が公徳心で，学年が進むにつれて，規則の強制や罰則ではなく社会参加が規則を守るモチベーションとなっていくことが大切である。

	わかる	つなぐ	生かす
小学校	・規則を守ることが集団生活において必要なことがわかる。	・自分や友達が決まりを守ってよかったことを見つけている。	・決まりを守ることを心がけて生活している。
小学校	・登場人物などの規則の遵守（公徳心）が感じられるところがわかる。 ・規則の遵守（公徳心）がどういう形で表れるかがわかる。	・友達の言動に規則の遵守（公徳心）を見出し，価値を認めている。 ・自分の生活を振り返り，自分の「規則の尊重度」を理解している。	・きまりの意義を考え，決まりの大切さを理解して生活している。
中学校	・遵法精神（規則の尊重）や公徳心があることで，どのようによさにつながるかを考えている。	・公徳心の気持ちと実行することのギャップやその理由について考えている。	・学校や社会がよりよいものになることを考えながら，きまりを守って生活している。

第3章　各内容項目の分析とルーブリック　75

公正，公平，社会正義

　公正，公平の概念は，一般的には小学校入学の前後に身についてくると思われる。しかし，とっさの判断を求められた時など，大人であっても，とかく自分や身内に都合がいいように判断してしまうことがあるし，個人だけでなく，集団や社会レベルでもそういったことは起こる。特に，公正，公平の対極にあるいじめは，いじめる者も見て見ぬふりをする者もみな自分を守ろうとして，公平，公正を欠いた言動するものである。頭では分かっていても，いざという時に機能しないことが多いことを意識して指導に当たりたい。

	わかる	つなぐ	生かす
小学校	・誰に対しても同じように接しなければならないことを知る。	・自分や友達の言動に接し方のよさを見つけている。	・どの友達に対しても穏やかな態度で接しようとしている。
小学校	・登場人物などの公正，公平が感じられるところがわかる。 ・公正，公平，社会正義がどういう形で表れるかがわかる。	・友達の言動に公正，公平，社会正義を見出し，価値を認めている。 ・自分の生活を振り返り，自分の「公正，公平，社会正義度」を理解している。	・公正，公平で差別のない心で人と接しようとしている。 ・公正，公平で差別のない集団，社会をつくるために貢献しようとしている。
中学校	・公正，公平さや社会正義があることで，どのようによさにつながるかを考えている。	・公正，公平にしようとする気持ちと実行することのギャップやその理由について考えている。	・他者の公正，公平でない言動に流されず，自らの意思で行動しようとしている。

公共の精神，社会参画㊥

　公共の精神は教育基本法にも掲げられているが，社会全体の利益のために尽くす精神であり，国や社会のことを自分のこととして捉えようとすることである。小学校では勤労と同じ枠組みで，他者のために体を動かすことができる児童を想定し，中学校では社会参画と同じ枠組みで，公共の精神を実現するためのアクションを起こせる生徒を想定した位置づけとなっている。個人の尊厳の確立，個人の自立性なしに公共の精神はあり得ない。小学校では，まずは，人のためになることの達成感を味わわせ，中学校では個人の尊厳・自立性にまで踏み込んだ授業が期待される。

	わかる	つなぐ	生かす
小学校	・係活動などの意義を理解している。	・係活動やボランティア活動に喜びを感じながら取り組んでいる。	
小学校	・登場人物などの公共の精神が感じられるところがわかる。 ・公共の精神がどういう形で表れるかがわかる。	・友達の言動に公共の精神を見出し，価値を認めている。 ・自分の生活を振り返り，自分にとっての「公共の精神度」を理解している。	・よりよい集団，社会を念頭に置いて行動しようとしている。
中学校	・公共の精神や社会参画があることで，どのようによさにつながるかを考えている。	・公共の精神をもつことと実際に社会参画することのギャップやその理由について考えている。	・集団，社会の成長・発展のために他者と協力し合って行動しようとしている。

第3章　各内容項目の分析とルーブリック

勤労

　勤労については，小学校と中学校で児童及び生徒の勤労に対する捉えが異なってくるので，ここでは公共の精神，社会参画とは切り離して考えておく。

　小学校段階の勤労の意義は，まずは，何かを生み出すために体を動かすことであり，そして，誰かの役に立つために働くことである。学級の係活動や家庭での仕事の分担である。中学校段階になると，勤労は将来の仕事を見据えたものとなり，夢や自己実現の対象となる。小学校でも中学校でもボランティアに取り組んでいるが，学年が進むにつれて，取り組んだことによって逆に何かを得ることができたという思いが生じることにもそういう変化を見て取ることができよう。

	わかる	つなぐ	生かす
小学校	・体を動かして働くことの気持ちよさや意義に気づいている。	・友達が進んで体を動かして働いていることに気づき，認めている。	・他者のためになることを考えて，進んで働こうとしている。
小学校	・登場人物などの勤労の尊さが感じられるところがわかる。 ・勤労の尊さがどういう形で表れるかがわかる。	・友達の言動に勤労の素晴らしさを見出し，価値を認めている。 ・自分の生活を振り返り，自分の「勤労度」を理解している。	・勤労の素晴らしさを感じながら進んで体を動かそうとしている。 ・友達と励まし合いながら勤労の素晴らしさを共有し合っている。
中学校	・勤労することに，どのようなよさを見出すことができるかを考えている。	・勤労に励もうとする気持ちと実行することのギャップやその理由について考えている。	・将来の夢につながる職業観を培いながら生活している。

家族愛，家庭生活の充実

家族は，子供たちを支える最も基本的な人間関係であり，精神的基盤である。しかし，子供たちの全てが家族愛を感じ，満ち足りた生活を送っているわけではない。そういう子供たちに家族の大切さ，感謝，家族の一員であることの意義と家庭生活への参画を促すことの意味は大きい。ただし，一人一人の子供の家庭環境は異なるので，ひとくくりにしてしまうことは危険である。まして，家庭に恵まれない児童・生徒については，十分な配慮をしなければならない。

	わかる	つなぐ	生かす
小学校	・資料や経験から家族のよさに気づいている。	・家族の言動の中に自分を大切に思ってくれる気持ちをくみ取っている。	・家族の自分への思いに対し，感謝し，その気持ちを行動で表そうとしている。
小学校	・登場人物などの家族愛が感じられるところがわかる。 ・家族愛がどういう形で表れるかがわかる。	・友達の言動に家族愛を見出し，価値を認めている。 ・自分の生活を振り返り，自分の「家族愛度」を理解している。	・家族が自分を，あるいは自分が家族を大切に思う気持ちを大事にしている。 ・家族の気持ちを考えて行動しようとしている。
中学校	・家族愛があることで，自分が生きていることの糧になっているかを考えている。	・家族愛の気持ちとそれを行動で表現することのギャップやその理由について考えている。	・よりよい家庭を築くために，よいと思うことを進んで実行している。

第3章　各内容項目の分析とルーブリック

よりよい学校生活，集団生活の充実

　よりよい学校生活をしたい，集団生活を充実させたいという児童・生徒の思いを支える内的要素を挙げると，自分の欲求や希望，他者への理解，よりよい集団への寄与の欲求といった自分と自分を取り巻く周囲の中での関わりを考えていくことになる。節度・節制，感謝，思いやり，礼儀，友情・信頼，相互理解，寛容，公平・公正，公共の精神……とほとんどの道徳的価値との関連を見出すことができ，それらの価値を生かす場と言える。解決したい問題や悩みも多様であり，まさに習得したものを試す場，活用する場となる。

	わかる	つなぐ	生かす
小学校	・自分のクラスのよさに気づいている。	・自分のクラスの長所や短所に気づき，どうしたらよいかを考えている。	・自分のクラスをよりよいものにしようと考え，働きかけをしている。
小学校	・登場人物などの集団への関わりのよさが感じられるところがわかる。 ・集団への関わりがどういう形で表れるかがわかる。	・友達の言動に集団への関わりのよさを見出し，価値を認めている。 ・自分の生活を振り返り，自分の「集団への関わり度」を理解している。	・どのような行動が集団にとってよいことかを考えている。 ・集団の中で役割を果たすよう行動し，集団に寄与することの素晴らしさを感じている。
中学校	・集団の中で役割を果たすがことが，どのようによさにつながるかを考えている。	・集団の中で役割を果たそうとする気持ちと実行することのギャップやその理由について考えている。	・集団に寄与することの素晴らしさを友達と共有し合っている。

伝統と文化の尊重，（国や）郷土を愛する態度㋷
郷土の伝統と文化の尊重，郷土を愛する態度㊥

「郷土を愛する態度」の先には国を愛する態度があるように考えてしまうが，そこを起点と捉えて授業を構想してしまうと，トップダウン，押しつけになってしまう。身近な人，もの，ことを好きになるところを出発点にしたい。「郷土の伝統や文化」は，素晴らしいものであることは当然だが，子供たちにとって最初から価値あるものであるとは限らない。伝統や文化を生み出した人，守ってきた人，引き継いできた人とつながることで，郷土の伝統や文化に親しませていくことが重要である。郷土を愛する気持ちでつながっていることを意識させるような工夫を取り入れたい。

	わかる	つなぐ	生かす
小学校	・郷土のよいところを見つけようとしている。	・郷土を培ってきた人に興味を持ち，その素晴らしさを理解している。	
小学校	・登場人物などの郷土愛が感じられるところがわかる。 ・郷土愛がどういう形で表れるかがわかる。	・友達の言動に郷土愛を見出し，価値を認めている。 ・自分の生活を振り返り，自分の「郷土愛度」を理解している。	・友達と郷土のよさを共有し合おうとしている。 ・郷土のよさを見出し，感謝の気持ちを持っている。
中学校	・自分に郷土があることが，どのように生きているかを考えている。	・郷土を愛する気持ちとそれを行動で表すことのギャップやその理由について考えている。	・郷土のために自分にできることは何かを考え，行動しようとしている。

第3章　各内容項目の分析とルーブリック

伝統と文化の尊重，国（や郷土）を愛する態度㋐
我が国の伝統と文化の尊重，国を愛する態度㊥

　国を愛する態度，愛国心をどう育てたらよいか。果たしてそれは意図的に育てることができるのか。育てることができるとしても，育ててよいのか。そもそも，私たちは何のために国を愛するのか。このような様々な疑問が生ずる中で，国の政策などの思惑に子供たちが翻弄されることだけは避けたい。郷土にしても，国にしても，一人の子供のよって立つところであるアイデンティティの一部となり，自信を持って生きていけるものであることが，道徳科で愛国心について考える必然性となる。自己と他国の間の中立的で相互調和を図るものでありたい。

	わかる	つなぐ	生かす
小学校	・我が国のよいところを見つけている。	・我が国を支えてきた人に興味を持ち，その素晴らしさを理解している。	
小学校	・登場人物などの愛国心が感じられるところがわかる。 ・愛国心がどういう形で表れるかがわかる。	・友達の言動に愛国心を見出し，価値を認めている。 ・自分の生活を振り返り，自分の「愛国度」を理解している。	・友達と日本のよさを共有し合おうとしている。 ・日本のよさを見出し，感謝の気持ちを持っている。
中学校	・自分に母国があることが，自分にどのように生きているかを考えている。	・母国を愛する気持ちとそれを行動で表すことのギャップやその理由について考えている。	・日本のために自分にできることは何かを考え，行動しようとしている。

国際理解，国際親善⑪，国際貢献⑭

　小学校では，国際理解→国際親善，中学校では国際理解→国際貢献と位置づけられており，国際理解→国際親善→（国際理解）→国際貢献という道筋に沿った指導をすることが児童・生徒の実態を踏まえたものとなるだろう。先に述べた自己と他国の間の中立的で相互調和を図る愛国心の先にあるものとして国際理解，国際親善，国際貢献を捉えたい。他国のよさを見出すことが我が国のよさに気づくことにつながるのであり，決して他国の「まずさ」をあげつらったり，我が国の「まずさ」に劣等感をいだいたりしてはいけない。

	わかる	つなぐ	生かす
小学校	・いろいろな国とその文化に興味を持っている。	・それぞれの国のよさに気づいている。	
小学校	・登場人物などの国際理解，国際親善が感じられるところがわかる。 ・国際理解，国際親善がどういう形で表れるかがわかる。	・友達の言動に国際理解，国際親善の気持ちを見出し，その価値を認めている。 ・自分の生活を振り返り，自分の「国際理解度」を理解している。	・国際理解，国際親善を考えて，他国の人との関わり方について考えている。
中学校	・国際理解，国際貢献をすることで，どのように世界の平和や人類の発展につながるかを考えているる。	・国際理解，国際貢献をしようとする気持ちとそれを行動に表そうとすることのギャップやその理由について考えている。	・国際理解，国際貢献の形を考えたり，実行に移そうとしたりしている。

4　D　主として生命や自然,崇高なものとの関わりに関すること

生命の尊さ

　現代日本の社会において「生命の尊さ」が最も問題になるのは,「死」の問題に触れる時であろう。もちろん,そういった問題について話し合いを持つことも重要ではあるが,まずは,一人一人の子供が,自分が,友達が生命を持つ存在であること,そして,その生命がかけがえのない尊いものであることを意識しながら生きられるようになる学びにしたい。そのためには,人はなぜ苦しみがあっても生き抜こうとするのか,生きることの喜びなど,学年に合った学びを追究していきたい。

	わかる	つなぐ	生かす
小学校	・生き物にはそれぞれ生命があり,1回限りのものであることを知る。	・自分や友達の生命が大切にされていることに気づいている。	・自分や友達を大事にしようと考えながら生活しようとしている。
小学校	・登場人物などの生命を尊ぶ心が感じられるところがわかる。 ・生命の尊さがどういう形で表れるかがわかる。	・友達の言動に生命を尊重する気持ちを見出し,価値を認めている。 ・自分の生活を振り返り,自分の「生命尊重度」を理解している。	・生命を尊重することの大切さを感じたり考えたりしながら,生活しようとしている。
中学校	・生命の連続性や有限性について考えている。	・生命を尊重する気持ちとそれを行動に表そうとすることのギャップやその理由について考えている。	・自他の生命の重さに違いがないことをふまえ,他者に対して思いやりのある行動をしている。

自然愛護

　現在，地球温暖化など様々な地球規模の環境問題を自ら引き起こし，私たち人類は危機に陥っている。危機に陥ってはじめて自然の大切さ，素晴らしさ，尊さに気づき，自らが自然の一部であることを認めるに至ったのである。全ては私たちを含めた，子供たちにとっての「先人」の犯した過ちによるものである。子供たちに自然愛護の大切さを説くことは，私たちが何の落ち度もない子供たちに解決を委ねることでもある。そうだとすれば，私たち大人が取るべき態度は，ただ謙虚に子供たちと向き合うことだろう。

	わかる	つなぐ	生かす
小学校	・植物や生き物を大事にすることの大切さがわかる。	・友達の，植物や生き物を大事にしている姿に気づき，認めている。	・植物や生き物を大事にしようとしたり，友達に働きかけたりしている。
小学校	・登場人物などの自然愛護の精神が感じられるところがわかる。 ・自然愛護がどういう形で表れるかがわかる。	・友達の言動に自然愛護の姿を見出し，価値を認めている。 ・自分の生活を振り返り，自分の「自然愛護度」を理解している。	・自然の大切さや素晴らしさについて感じたり考えたりしながら，生活している。
中学校	・自然を愛護することで，人類や自然，他の生き物とのつながりができるかを考えている。	・自然を大事に思う気持ちとそれを行動で表すことのギャップやその理由について考えている。	・自然愛護の意義を自覚し，進んで自然を愛護する行動をしようとしている。

第3章　各内容項目の分析とルーブリック

感動，畏敬の念

　感動，畏敬の念は，全ての内容項目の中で最も指導の難しい内容項目であると言ってよい。なぜなら，それらは，極めて主観的であるため，理屈で説明して，頭には届いても心には響かない。意図的に身につけさせ難いものだからである。

　私たちは決して強制されて感動することはできないし，意識して感激のあまりぞくぞくするような思いをいだくことはできない。また，それに関わる感性は，子供たち一人一人の違いが大きく，他者の感じ方を感じ取ることもしにくい。私たち教師ができることは，感動的な素材（教材）を児童・生徒に提示し，感じ方の交流を引き起こすこと，自身の感動を素直に伝えることくらいなのである。

	わかる	つなぐ	生かす
小学校	・感動した経験を話している。	・友達の感動した経験に共感している。	
小学校	・登場人物などの畏敬の念が感じられるところがわかる。	・これまでに打ち震えるほど感動したことを思い出し，資料などに重ねて捉えている。 ・友達の言動に畏敬の念を見出し，価値を認めている。	・友達が事物に対して感動している姿を尊重し，共有しようとしている。
中学校	・畏敬の念がどういう形で表れるかがわかる。	・自分の生活を振り返り，自分の「畏敬の念度」を理解している。	・感動したり畏敬の念を感じたりしたことを素直に表現しようとしている。

よりよく生きる喜び（小学校は5，6年のみ）

　私たち人類が今日のように発展してきたのは，先人がよりよく生きようとしてきたことの積み重ねゆえである。よりよく生きようとしても失敗してしまうこともあるし，自分だけでなく他者をも不幸にしてしまうこともあるが，全ての人の幸せのために生きる以外に究極の幸せを手にする方法はない。全ての道徳的価値が調和することを目指して，小学校5，6年生なりに，中学校3年生なりに，未来を見据え，どう生活したらよいかを考えさせたい。それこそが「人間として生きる喜び」について考えることである。今を，未来を生きる上で，一人の人として子供たちと語り合いたい内容である。

	わかる	つなぐ	生かす
小学校	・生活の中に喜びを見出している。 ・登場人物などがよりよく生きようとしていることが感じられるところがわかる。 ・よりよく生きようとすることがどういう形で表れるかがわかる。	・生活の中の喜びの理由を考えている。 ・友達の言動によりよく生きようとする態度を見出し，価値を認めている。 ・自分の生活を振り返り，自分の「よりよく生きようとする度」を理解している。	・より楽しい生活になるように工夫しようとしている。 ・今の自分にとって生きるとはどう行動することかを考え，実行しようとしている。
中学校	・よりよく生きようとすることが，どのように人生に生きるかを考えている。	・よりよく生きようとする気持ちとそれを実行することのギャップやその理由について考えている。	・よりよく生きようと努力していることを友達と共有し，喜びを分かち合おうとしている。

第4章

指導と評価をつなぐ道徳科の授業プラン

　第4章では，これまでに示してきた考え方，授業づくりの方法，評価の仕方を生かしながら具体的な授業プランを提案します。実際に実践をしたものもありますし，プランの段階のものもありますが，どのプランも実現可能なレベルのものとして設計されています。

【小学校低学年の授業プラン】

教材名「かぼちゃのつる」（『小学校道徳の指導資料第3集』文部省，1966年）

❶これはわがまま？

内容項目　A［節度，節制］
健康や安全に気を付け，物や金銭を大切にし，身の回りを整え，わがままをしないで，
規則正しい生活をすること。

1　内容項目と教材

　節度や節制は，自由に行動することができない状況の中では必要ではない。自由を与えられることによって生ずるのであり，そういう点から複雑で高度な概念であると言える。また，やりたいことがあっても必要以上の自己規制となるような節制をすることは，道徳性の高い行動ということにはならず，時と場に応じて行動することが求められる。このように，節度や節制は高い主体性に支えられており，低学年にとっては難度が高いものである。

　本教材「かぼちゃのつる」は，主人公であるかぼちゃが，他者からのアドバイスを受け入れずつるを自由に伸ばし，結局トラックにひかれて痛い思いをする。伸びたいように伸びるかぼちゃの行動は，わがままで節度を欠いたものであるのはまちがいない。しかし，この教材から自分自身の問題として，程度を考えて行動することについて考えさせることは難しい。むしろ，周りの人のことを考えて自分の行動の仕方を考えることに絞って考えさせることが，1年生にとっての節度を考えることにつながると考える。

2　授業構想

　本教材では，自分勝手につるを伸ばすわがままな存在としてかぼちゃが描かれているが，児童にその様な印象はない。そこで，導入段階でかぼちゃが所狭しとつるを伸ばして成長する植物であることを押さえておく。

　この導入をふまえて，かぼちゃの行動を確認し，それぞれの場面でどうす

ればよかったかを考えることで，かぼちゃの自分勝手な行動を浮き彫りにすることができる。この活動は，場面ごとに分担して取り組み，その成果を共有することで，浅く広い学びにならずに学習を進めることにつながる。

さらに，それぞれの児童が自分勝手な行動をしたことを思い出し，振り返ることで，教材での学びを自分自身に向け，自分と向き合いまた他者とのつながりを考える機会とする。最後に，かぼちゃに対するアドバイスの手紙を書き，道徳的価値についての思考の深まりを表現する。

3 本時の評価（ルーブリック）

観点　　尺度	わかる	つなぐ	生かす
かぼちゃの行動を確認し，それぞれの場面でどうしたらよかったのかを考える。	・かぼちゃがつるを自由に伸ばしたかった気持ちに共感している。 ・かぼちゃのよくないところがわかる。	・かぼちゃはどうしたらよかったのかを考えている。 ・なぜ自分勝手がいけないことなのかを考えている。	
自分勝手をしたことを思い出し，自分を振り返る。	・自分勝手にしてはいけないことがわかる。	・自分が自分勝手に行動して，人に迷惑をかけた経験を振り返っている。 ・友達が自分勝手を我慢していたことの素晴らしさに気づいている。	・友達の行動などを見習って，自分も節度ある行動をしようと考えている。
かぼちゃに対するアドバイスを手紙に書く。	・自分勝手はいけないよというようにアドバイスする手紙を書いている。	・かぼちゃの気持ちをふまえながらアドバイスの手紙を書いている。	・自分も自分勝手をしないようにするから，かぼちゃも頑張ろうという姿勢でアドバイスの手紙を書いている。

第4章　指導と評価をつなぐ道徳科の授業プラン　91

4 授業展開

目標	かぼちゃのとった行動を評価することを通して，節度をもって行動することの大切さに気づき，自らの行動を振り返る。	
過程	学 習 活 動	留 意 点 等
わかる	○かぼちゃの成長のイメージをつかむ。 「かぼちゃってどんなふうに育つか知っていますか。１本の茎から何本もつるが伸びて，どんどん広がっていくんだよ。今日は，このかぼちゃのつるのお話を勉強します。」 ○教材「かぼちゃのつる」を読み，めあてを確認する。 　かぼちゃはどうしたらよかったのかをかんがえよう。 1　かぼちゃは，どんな場面でどうしたらよかったのか考えましょう。 ［みつばちに注意された場面］ ［すいかに注意された場面］ ［こいぬに注意された場面］	○児童にはかぼちゃの成長に関する知識等がないので，どんなところにでもつるを伸ばして広がっていくイメージを持たせてから学習に入る。 ○ペアで一つの場面を受け持って考えさせることで，一つの場面について深く考えさせる。
つなぐ AL1	2　自分勝手な行動をしてしまったことを紹介してください。 ・ぶらんこに乗ってた時に，友達から「代わって」って言われたけど，代わってあげなかった。→代わってあげればよかった。 ・家に帰る時間になったけど，遊んでいたら，お母さんにしかられた。→ちゃんと時間を守ればよかった。	○自分がやりたいことをやりたいようにやってしまって失敗した体験を出させる。
生かす	3　かぼちゃに対するアドバイスの手紙を書きましょう。 ○発表し合う。	㊟人の迷惑にならないよう行動するにはどうしたらよいかを考えて書いている。

92

5 アクティブラーニングの視点を取り入れた指導のポイント

AL 1 かぼちゃの行動を確認し,それぞれの場面でどうしたらよかったのかを考える課題について,二つの要素を組み合わせたアクティブラーニングを設定する。一つは,ペアによる話し合いである。低学年では,グループでの話し合い学習が成り立ちにくい。グループで活動することの意義を認識できていないからである。中・高学年でグループ学習がしっかりとできるようになるためにも,ペアでの話し合いが充実したものになるよう鍛えていく必要がある。

もう一つは,いくつかの課題を設定しておいて,グループでそのうちの一つの課題追究をし,さらに,それを共有しながら課題解決をするという活動である。これは,ジグソー学習のエキスパート活動を応用したもので,ペアでみつばちに注意された場面,すいかに注意された場面,こいぬに注意された場面の三つの場面のうちの一つを担当し,どうすることがよかったのかを考えていく。そして,三つの場面への意見を出し合うことで,かぼちゃの生き方に迫り,自分の行動に反映させていくことにつなげていく。

6 板書計画

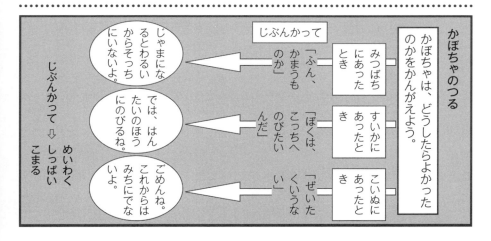

第4章 指導と評価をつなぐ道徳科の授業プラン

【小学低学年の授業プラン】

教材名「きいろいベンチ」(『小学校道徳の資料とその利用1』文部省，1976年)

❷どうしたらよかったの？

内容項目　C［規則の尊重］

約束やきまりを守り，みんなが使う物を大切にすること。

1　内容項目と教材

　低学年では，何のためのきまり，規則なのかを考えることは難しいので，まずは，自分も社会の一員であることを意識させることによって，きまりは守るものという受動的な生活態度から一歩進むきっかけとしたい。

　本教材「きいろいベンチ」は，2人の男の子が紙飛行機を飛ばして遊んでいるうちにもっと遠くに飛ばそうとベンチの上に土足で乗って，ベンチを汚してしまうというお話である。2人の男の子に悪気はなかったのだが，結果的にそのベンチに座った女の子のスカートを汚してしまうことになる。物語を読み終わってから，「何がいけなかったのか」，「どうすればよかったのか」と問えば，2年生の児童なら型どおりに答えられるだろうが，それでは建て前を作り上げてしまうことになる。そこで，2枚の挿絵をうまく使うなどの工夫が必要となる。

2　授業構想

　まず，2枚の挿絵からどんなことが起きているかを考えることで，問題に気づき，考える姿勢を作る。あらすじを追っていく展開だと悪いところが相対的に目立つことになり，悪い⇔よいという極端な対比の中で道徳的価値を捉えることから，なかなか本音に入っていくことができなくなるのである。

　この導入をふまえ，ペアで2人の男の子になって，顔を見合わせた後の会話を考える活動をする。いきなり役割演技をするのではなく，2人で十分に

考えた上で，役割演技に取り組ませる。

　そして，最後に人の迷惑になった経験を紹介し，自分を振り返る活動をする。教材を離れ，自分を見つめることで，実践化に向かっていく手だてとなるのである。

3　本時の評価（ルーブリック）

観点＼尺度	わかる	つなぐ	生かす
２枚の挿絵からどんなことが起きているかを考え，問題に気づく。	・ベンチの上で紙飛行機を飛ばしている挿絵を見て，土足でベンチに上がっていることに気づいている。 ・この行動によってどんなことが起こるかを予想している。	・ベンチに土足で上がってはいけない理由を，利用する人の気持ちをふまえて説明している。	
ペアで２人の男の子になって，顔を見合わせた後の会話を考える。	・決まりを守らず失敗したことを振り返る話し合いをしている。	・決まりを守って生活することの大切さやこれからの生活の仕方にも言及した話し合いをしている。	
人に迷惑になることを挙げ，自分を振り返る。	・人の迷惑になる行動をいくつか挙げている。	・なぜ迷惑なのかその理由を説明している。 ・規則を守らなかったことで人に迷惑をかけたり失敗したりしたことを振り返り，どうすればよかったかを話している。	・規則を守って行動することの大切さを理解し行動しようとしている。

第４章　指導と評価をつなぐ道徳科の授業プラン　95

4 授業展開

目標	きまりを守らないとどういうことが起こるかを教材を通して考え，自分の生活を振り返ることができる。

過程	学 習 活 動	留 意 点 等
わかる AL 1	1 2枚の挿絵を見てどんな様子か想像してください。 ・（1枚目）紙飛行機を飛ばしている。楽しそうだな。 ・（2枚目）おばあさんが困った顔をしている。何でだろう。 ・男の子が汚してしまったからじゃないかな。 ○教材を読む。 　ペアでストーリーを押さえる。 ○めあてを確認する。 　**めいわくなこうどうについて考えよう。**	○まず1枚ずつ示し，様子を想像させた後で，2枚のつながりを考えさせることで，どこに問題があるかを捉えさせていく。
つなぐ AL 2	2 ペアで2人の男の子になって，顔を見合わせた後，どんな会話をしたか考えよう（考えた後で，実際に役割演技をさせる）。 （例）女の子のスカート汚れちゃったみたいだよ。→僕たちが靴履いたままベンチに乗っちゃったからかな。→どうしよう。→謝った方がいいかな。→そうしよう。→ごめんなさい，僕たちが靴で乗ったから。→これからはしないでね。→わかりました。気をつけます。	○発表は，役割演技という形で何組かを指名して行う。聞き手からは，よかったところを挙げさせる。 ○過ちを改めることも併せて捉えさせたい。
生かす	3 人の迷惑になることをしてしまったことがありますか。してしまったこととどうすればよかったかを書いてみましょう。	評自分の生活を振り返り迷惑をかけないようにするにはどうしたらよいかを考え書いている。

5　アクティブラーニングの視点を取り入れた指導のポイント

AL1　教材の読み取りに時間をかけすぎることで、本題について考える時間がなくなることを避けるためにも、順を追ってストーリーを押さえることはせず、ペアでストーリーの把握をするよう働きかける。低学年では、国語科で学習している「はじめに」「次に」「そして」「最後に」などの接続後を使い、リレー形式で交互にあらすじを話す活動をすることで、教材に主体的に向き合う姿勢を作りながらストーリーを把握させることができる。

AL2　まず、ペアになって2人の会話を考えるのだが、2人がそれぞれの男の子になり、会話を作っていく。ある程度できた段階で、2人になったつもりで役割演技として演じさせてみる。役割演技は、道徳科では重要なアクティブラーニングの手法となり得るので、場や人数などを工夫して多様に取り入れたい。

　何組かの児童に発表させ、よいところを挙げさせたり、自分たちの会話によって「悪いことをしたな」とか「ごめんなさい」といった気持ちを十分に表すことができたかを自己評価させたりすることもさせたい。

6　板書計画

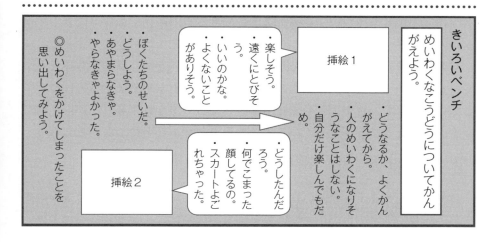

【小学校中学年の授業プラン】

教材名「ないた赤おに」（浜田広介著『ひろすけ幼年童話⑶』集英社，1981年）

❸友達って何だろう？

内容項目　B［友情，信頼］

友達と互いに理解し，信頼し，助け合うこと。

1　内容項目と教材

　小学校に入学すると，担任から「みんながお友達。お友達と仲よくしましょう」と言われる。本来友達とはそれなりの友情が芽生えた間柄になった者同士を言うのだが，友情の概念がほとんどない低学年以下では，全ての仲間とうまくつきあっていくことから，友情の概念を築こうとしているものと考えられる。中学年になると，「みんながお友達」状態から，次第に合う・合わない，好き・嫌いにより「仲のよい友達」ができていく。このような段階にあって，自分本位の友達関係では何かと問題が生ずることも多くなる。

　そこで，本教材「ないた赤おに」で，友達とは自分にとってどういう存在かを考えさせていく。「ないた赤おに」は，どの学年でも，あるいは小学校でも中学校でも，友情について考えることのできる深い作品である。低学年では，赤鬼の行動について考えさせることで，青鬼との友情に気づかせていく。高学年では，青鬼の行動について考えさせることで，友情とは何かを捉えさせていくという形で授業が展開される傾向にある。中学年では，赤鬼について考えさせる中で，必要に応じて青鬼の心情についても考えることが，友情が双方向性によって成り立っていることを捉えさせることにつながるだろう。

2　授業構想

　教材を読んだ後，まず，心に残ったことについて，ペアで話し合う活動をする。赤鬼や青鬼の行動に対する第一印象を大事にし，ストーリーの中のい

くつかのポイントとなる部分を押さえさせたいからである。赤鬼が立て札を壊してしまう場面，青鬼が赤鬼に殴らせる場面，青鬼の家を訪れた赤鬼が手紙を見て泣く場面など取り上げた場面がなぜ印象に残ったかということまで掘り下げたい。

　さらに，一気にクライマックスに注目し，赤鬼はなぜ泣いたのかを考える。意見は，青鬼に対する感謝の気持ちと謝罪の気持ちの二つに分かれるだろう。この話し合いの中から，青鬼から赤鬼への気持ちは本当の友情と言えるが，赤鬼から青鬼への行動はどうだったのかを考えさせたい。

　まとめの学習として赤鬼にアドバイスする手紙を書く活動を行う。全てを知りうる読者という立場の児童から見た2人の友情関係がどうあったらよいかを，赤鬼への手紙という活動によって引き出し，考えさせていく。

　このように，本時の学習では，あえて教材から離れて自分の生活から友達について考えることをせず，間接的に友情について捉えさせていく。

3　本時の評価（ルーブリック）

観点　　　尺度	わかる	つなぐ	生かす
心に残ったことについて，ペアで話し合う。	・青鬼の行動に友情を感じ取っている。	・赤鬼の行動に疑問を感じている。	
赤鬼はなぜ泣いたのかを考える。	・赤鬼が泣いた理由を赤鬼に視点を置いて考えている。	・赤鬼が泣いた理由を青鬼に視点を置いて考えている。	
赤鬼にアドバイスする手紙を書く。	・赤鬼を大事に思っている青鬼に同情し，青鬼を大切にしてあげるようにという内容のアドバイスをしている。	・青鬼の行動から本当の友達とは何かを述べ，今後の赤鬼の行動へのアドバイスをしている。	・自己犠牲を払ってまでも貫く青鬼の友情をきっかけに，自分にとって友達とは何かを考えアドバイスしている。

第4章　指導と評価をつなぐ道徳科の授業プラン

4 授業展開

目標	赤鬼がなぜ泣いたかを考えることを通して，青鬼の友情に気づき，友達のありがたさや大切さについて考えることができる。	
過程	学 習 活 動	留 意 点 等
AL 1 わかる **AL 2** つなぐ	○教材を読む。 ○ペアによるあらすじリレーで物語の展開を確認する。 1　心に残ったことについて，ペアで話し合いましょう。 ・赤鬼が立て札を壊してしまう場面。本当に人間と友達になりたかったんだなと思った。 ・青鬼が赤鬼に殴らせる場面。青鬼は赤鬼のことが本当に好きなんだと思った。でも，青鬼はかわいそうだった。 ・青鬼の家を訪れた赤鬼が手紙を見て泣く場面。青鬼はかわいそうだけど，赤鬼もかわいそうだった。 ○めあての確認をする。 ┌──────────────────┐ │　**赤鬼はなぜ泣いたのだろう。**　│ └──────────────────┘ 2　赤鬼はなぜ泣いたのでしょうか。理由を考えましょう。	○ペアで交互にあらすじを言い合うことで，短時間でストーリーを押さえる。 ○ペアの活動の後で，指摘した箇所ごとに感想をまとめる。
	（ありがとう派） ・青鬼君がこんなにも自分のことを思ってくれるんだ。 ・人間と毎日楽しく暮らせるのは青鬼君のおかげだ。	（ごめんね派） ・自分のために遠くに行かせてしまった。 ・自分だけが楽しい毎日。 ・青鬼君がいるのに，人間の友達を大事にしている。	○話し合いの後で，どちらの気持ちの方が大きいかを考えさせ，後悔している赤鬼の気持ちを引き出す。
生かす **AL 3**	3　赤鬼にアドバイスする手紙を書きましょう。 　（グループで読み合い，紹介したいものを推薦する。）	評青鬼の思いを反映させながら，赤鬼がこれからどう行動したらよいかを書いている。

5　アクティブラーニングの視点を取り入れた指導のポイント

AL1　教材を一読した後で、ペアによるあらすじリレーで物語の展開を確認する。抜けているところがあった場合には、相手が「その前に」と言ってから補うことを約束事として入れておく。「簡単に」や「ちょっと詳しく」などオプションとして注文をつけて行うことによって、ポイントを押さえてストーリーを把握することができる。

AL2　心に残ったことについて、ペアで話し合う活動を行う。これは、ペアでそれぞれの感想を紹介し合う活動なので、議論するというよりも相手の考えを引き出すことに主眼を置いて進める。「なるほど」、「それで？」、「○○ってどういうこと？」などの「引き出しワード」を活用して相手にたくさん話させるよい聞き手を育てることにつながる。

AL3　赤鬼にアドバイスする手紙を書いたら、グループで読み合い、紹介したいものを推薦する。実際の授業では、教師がよいと思ったものを紹介させることが多いが、それも子供たちに委ねることで、より主体的な学びとなり、また、このような活動を繰り返すことで、子供たちの本質を見る目も育っていくのである。

6　板書計画

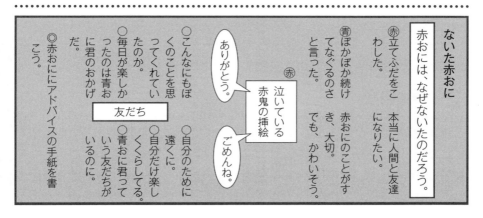

【小学校中学年の授業プラン】

教材名「発明家ベル」（学習研究社編『はじめて読む　みんなの伝記』学習研究社，2007年）

❹長所を生かそう

内容項目　A［個性の伸長］

自分の特徴に気付き，長所を伸ばすこと。

1　内容項目と教材

　［個性の伸長］を考える上で欠かせないのが，願いや夢を持つことである。何のために個性を生かし，努力をするのか，そのビジョンがなければ，せっかくの個性があっても個性を生かすための努力につながらない。そして，未分化な段階の中学年の児童にとっては，自分にできるかを考えること，自分に才能があるかどうかを考えるよりも，まず好きなことかどうかを意識することが大切であろう。できるかできないかを考えるよりも，まず自分はそのことがどのくらい好きか，やってみたいかを考えることで，少し先を目指すのであり，とことんやりたいことだったら，さらに努力していくようになる。

　大発明家であるベルを題材としたこの教材は，最大に個性を伸長した事例であり，ストレートに「個性の伸長」によりこうなれるというモデル，目標にはならない。しかし，偉大な発明家となったベルの第一歩も実は身近なことからスタートしているのであり，人生のスタートラインに立ったばかりの中学年の児童にとって，将来を展望する一つの機会となると考える。

2　授業構想

　［個性の伸長］を具体化すると自分のやりたいことを見つけ，それに向かって努力することとなる。本教材では，大発明家であるベルが，内面的な理由としての誰も考えていない物を発明したいという思いと，外面的な理由としての困っている人の役に立つ物を発明したいという思いの両者がベルのモ

チベーションとなっていたことについて考えさせることが重要である。

そこで，本時は，「なぜベルは発明しようとしたのか」ということと「な
ぜベルは大発明家になることができたのか」という二つの課題を中心に展開
していく。自分を見つめることと他者への思いやりが大きな力となることを
児童にも感じ取ってほしい。

そして，教材での学びをふまえ，自分のよいところを友達に聞き，自分に
向いていることを考えることで，〈つなぐ〉〈生かす〉学びとしていく。まだ
中学年なので，漠然とした未来にはなるが，メタ認知を促す貴重な機会とし
たい。

3 本時の評価（ルーブリック）

観点 ＼ 尺度	わかる	つなぐ	生かす
なぜベルは発明しようとしたのかを考える。	・頼まれた仕事が大変だったことを根拠に考えている。 ・もっとよい方法があるのではないかと捉えている。	・現在の自分たちの生活で電話は不可欠な物で，多くの人の役に立っていることをふまえて考えている。	
なぜベルは大発明家になることができたのかを考える。	・人の役に立つ喜びを知ったからという外的な要因として考えている。	・人の役に立つという外的な要因と共に，ベルの内面の発明に向いた資質についても考えている。	
自分のよいところを友達に聞いて，自分に向いていることを考える。	・友達のアドバイスから自分に向いていることを挙げ，考えている。	・自分がやりたいことと，友達が挙げてくれた長所を関係づけて考えている。	・自分の個性を生かし，なりたい自分になるために何が必要かを考えている。

第4章　指導と評価をつなぐ道徳科の授業プラン　**103**

4 授業展開

目標	ベルが大発明家になることができた理由を考えることを通して，自分の個性を見つめ，どう生かしていったらよいかを考えることができる。	
過程	学 習 活 動	留 意 点 等
わかる AL 1	○教材を読み，ベルはどういう人かを挙げる。 ○めあてを確認する。 **なぜベルは大発明家になれたかを考えよう。** 1　なぜベルは発明しようとしたのかを考えよう。（ペア） ・もっといい方法があるんじゃないかと思ったから。 ・大変だなぁ。楽に仕事をしたいと思ったから。 ・もっと楽な方法があれば友達のお父さんが楽になるから。 ・発明が楽しいから。	○子供のころから晩年までのベルの発明家としての資質を考える基にする。 ○次の課題での，内向きと外向きの両方の理由につながる思考にする。
つなぐ AL 2	2　なぜベルはいろいろな物を発明できたのかを考えよう。（グループ） ・頭がよかった。 ⎫ ・発明することが楽しい。 ⎭ 内向きの理由 ・困っている人を助けたかった。 ⎫ ・人の役に立つことがうれしかった。 ⎭ 外向きの理由	○板書で，内向きの理由と外向きの理由の両方によって大発明家になったことを整理する。
生かす AL 3	3　自分のよいところを友達に聞いて，自分に向いていることを考える。（ペア→ペアを変える→個） ・面白い。→お笑い芸人になれるかな。 ・算数が得意。→科学者に向いているかな。 ・話をするのが好き。→サービス業がいいんじゃない。	○ペアを変えることにより，いろいろな見方を参考にできるようにする。 ㊞友達の意見を参考にしながら，自分の将来を考え書いている。

5　アクティブラーニングの視点を取り入れた指導のポイント

AL1　なぜベルは発明しようとしたのかを考える活動をペアで行う。ここでは，できるだけたくさんの理由を考えることを目指すようにすることで，ペアの児童同士が協力して目標に向かうことになる。一つのことを目指して協力し合うことは，互いを認め合うことにつながり，他者を認めることはさらに自分を認めることにつながり，自己肯定感を持つことにもつながる。

AL2　なぜベルはいろいろな物を発明できたのかをグループで考えていく。ここでは，出された意見を分類させる補助発問を打つことで，出された意見を基に，深く考える活動を促す。そうすることで，自分がやりたいことと，人に求められる存在になりたいという二つの要素を意識する機会となるだろう。

AL3　自分のよいところをペアの児童同士で伝え合い，自分に向いていることを考える。この活動では，ペアを次々に変えることで，多様な意見を受け取ることができ，多くの意見を参考に自分の長所を捉えることにつなげていくことで，アクティブラーニングの重要な要素である協働性と主体性を児童に求めることにつながる。

6　板書計画

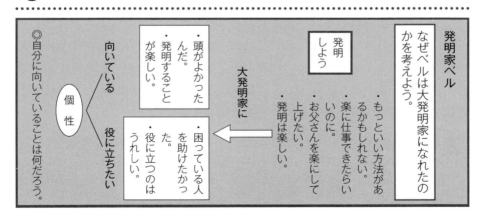

【小学高学年の授業プラン】

教材名「手品師」(『小学校道徳の指導資料とその利用 1』文部省，1976年)

❺どちらを選ぶ？

内容項目　A〔正直，誠実〕

誠実に，明るい心で生活すること。

1　内容項目と教材

　「正直に話す」，「誠実な行動」とは，誰に対して正直であり，誠実なのだろうか。〔正直，誠実〕は学習指導要領では「A　自分自身に関すること」に位置づけられており，自分が納得するような行動をすることがよりよい生き方につながるという考えに基づいている。しかし，正直に生きるか，誠実に行動するかは，結果的に他者による，あの人は正直だったか，誠実だったかという評価を受けることにつながり，それが実生活では直接損得に結びつくだけに，判断の難しい道徳的価値であると言える。

　手品師は，約束を守るべきか，友人の誘いに応えるべきかの判断に悩んでいるのであり，手品師が選んだ誠実は少年に向いている。少年のために約束を守らなければ少年がどれだけがっかりするかという思いが誠実の支えになっていることは間違いないが，それだけでは人生を左右するような決断のモチベーションにはなりにくい。そこには，誠実に行動することが手品師にとって自らの誇りであり，彼のアイデンティティそのものだったと考える方が自然である。このように考えても，誠実は他者に向けられるものだけれども，最終的には自分自身の問題なのであると言える。

2　授業構想

　「手品師」を読んで考えていく上で，手品師の心情の変化を逐一読み取らせようとする授業が多いが，本時は，中心部分を丁寧に考えることで，周辺

部分について考えることも網羅していく。そのためにも，一読後に「あらすじリレー」で全体の流れを把握し，さらに，手品師が迷いに迷った時の胸の内にはどんな気持ちがあったかを考えていく。これらの活動により，手品師の心情を揺り動かすいくつかのポイントを押さえることができる。

そこで，少年との約束を選んだ手品師の決断を理解できるかを話し合うことで，児童が誠実についてどのように考えているかを明らかにする。誠実とはと直接問うよりも，間接的に問うことで本音を出し合うことができる。

まとめとして，手品師に声をかけるとしたら，何と言ってあげるかを書くことで，児童が自分自身に働きかける時間としたい。

3 本時の評価（ルーブリック）

観点　　尺度	わかる	つなぐ	生かす
迷いに迷った時の胸の内にはどんな気持ちがあったかを考える。	・友達からの誘いを受けたい気持ちと少年との約束を守らなければという気持ちの背景にある思いを挙げている。	・友達と少年の二人への気遣いだけではなく，手品師自身の生き方における迷いと考えている。	
少年との約束を選んだ決断を理解できるかを話し合う。	・自分だったらという視点で，「できる」「できない」を捉えている。	・少年との約束を選んだという結果だけでなく，手品師の生き方を理解しようとした上で，自分の考えを述べている。	・手品師のような決断ができる人になるにはどう行動したらよいかを考えている。
手品師に声をかけるとしたら，どう言うかを書く。	・手品師のとった行動，結果について賞賛している。	・迷っている中からの少年のために行動している手品師の人格に触れている。	・手品師の人格を自分の度量と比較しながら，これから生きていく上での手掛かりとしようとしている。

第4章　指導と評価をつなぐ道徳科の授業プラン　　107

4 授業展開

目標	手品師の決断を評価することを通して，誠実に生きることの根拠がどこにあるかを考えることができる。

過程	学 習 活 動	留 意 点 等
AL 1	○教材を読み，ペアであらすじを確認する。 ○めあてを確認する。 ┌─────────────────────┐ │ **手品師の決断について考えよう。** │ └─────────────────────┘	○あらすじリレーでストーリーを確認する。
わかる	1　手品師が迷いに迷った時の胸の内にはどんな気持ちがあったかを考える。 ・やっと夢がかなう。 ・これで生活が楽になる。 ・行かなかったら少年はがっかりするだろう。 ・約束は守らなければいけない。 ○どの思いが一番強かったのだろう。	○複雑な心境だったが，その後の決断について考えるために，どの思いが強かったかをそれぞれ考えさせておく。
つなぐ **AL 2**	2　少年との約束を選んだ手品師の決断を理解できるかをグループで話し合う。（セルフディベート） （理解できる） ・手品師としてか人としてかだったら，人としてが大事。 ・自分をごまかして生きるのは嫌。 ・きっとチャンスは来る。 （理解できない） ・一生をかける夢なのにチャンスを逃していいの？ ・少年にはまた会えるかもしれない。 ・友達に悪い。	○グループで一つの結論に絞り込んでいくセルフディベートを取り入れる。 ○話し合った内容を報告する。
生かす	3　手品師に声をかけるとしたら，何と言ってあげるかを書きましょう。	㊋手品師の決断に対して，自分なりの誠実さの評価をして書いている。

5　アクティブラーニングの視点を取り入れた指導のポイント

AL1　あらすじリレーでストーリーを確認する。低・中学年でも紹介した手法だが，高学年でもよい活動になる。高学年では，一度材料集め的にあらすじリレーをしておいて，再度，あらすじリレーをすることで，精度の高い活動となる。

AL2　少年との約束を選んだ手品師の決断を理解できるかをグループでセルフディベートを取り入れて話し合う。

セルフディベートとは，本来は，一人の中で肯定派と否定派の両方の役割を果たすように思考する手法である。ここでは，グループ内でまずは肯定派として手品師の決断を肯定的に見て，そのメリットを出し合い，次に決断を否定的に見て，そのデメリットを出し合う。メリットとデメリットを比較し，より納得できるのはどちらかを話し合い，結論を下すというものである。

従来のディベートは，勝ち負けにこだわり，勝ち負けのためにメリット，デメリットの応酬をするのだが，協働的な学びをする上でよい関係の中で一つの結論を目指すためには，勝ち負けを取り除き客観性を高めたセルフディベートが有効である。

6　板書計画

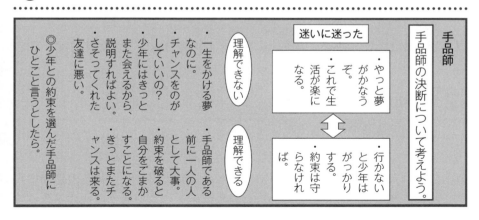

【小学高学年の授業プラン】

教材名「一ふみ十年」(『小学校道徳の指導資料とその利用6』文部省, 1983年)

❻自然と人間

内容項目　D〔自然愛護〕

自然の偉大さを知り, 自然環境を大切にすること。

1 内容項目と教材

　自然を守ることの大切さは, 今や小学校低学年の児童でも知っている常識となった。しかし, この価値ほど頭でわかっていることと行動できることの間にギャップがあるものはないかもしれない。直接的に緑を守ることはしていても, 空気や水を汚したり地球温暖化の基となる炭酸ガスを排出したりすることで私たちの生活は成り立っていて, そうと知りつつ生活するためにやめることができないでいる。「仕方がない」のである。こういう地球規模の問題に対して, 私たちには「一発逆転」的な行動を起こすことはできないが, 「仕方ない」と思うことを少しずつ減らしていくことはできる。そして, この努力をすることだけが, 私たちが地球上で他の生き物, 自然と共有することのできる方法でもある。

　本教材「ひとふみ十年」は, そのことを象徴的に子供たちに伝えられる教材となりうるものである。「ひとふみ十年」の意味を十分に考えさせ, 登山者だけでなく人類への警鐘として受け止められるものとしたい。

2 授業構想

　本教材は, 教材名でもある「ひとふみ十年」の象徴していることを高学年の児童なりに考え捉えることが重要な学習課題となる。そこで, 本時は単刀直入に「ひとふみ十年」とはどういう意味かを問うことから課題の追究に入る。この段階では, 立山の自然だけに目を向けている児童と自然界全体を視

野に入れている児童とに分かれるだろう。

　そこで，なぜそこまでして立山の自然を守っていく必要があるのかをグループで議論し，その話し合いをふまえて個別の意見をまとめさせる。

　その話し合いをふまえ，自分たちのこれまでの自然との関わり方を振り返る活動をすることで，「ひとふみ十年」の意味をさらに深く捉えていくようにする。ここでは，グループによる自分たちの行動実態の洗い出しを行い，友達の行動についても共有していく。そして，自分たちには小さな力しかないが，その小さな力の集積が大切だということに気づかせたい。

3　本時の評価（ルーブリック）

観点 ＼ 尺度	わかる	つなぐ	生かす
「ひとふみ十年」の意味を考える。	・「ひとふみ十年」の意味を理解し，立山の自然の大切がわかる。	・立山の自然を守ることが，自分たちが自然を大切にすることを象徴していることに気づいている。	
なぜ，そこまでして立山の自然を守る必要があるのかを考える。	・立山の自然を守ることで自分たちの周りの自然を大切にする気持ちも生まれてくるのだと捉えている。	・立山の自然も自分たちの周りの自然も同じように大切だから，守っていく必要があるのだと捉えている。	・これまでの人類と自然との関わりの中で，自然の大切さについて考えている。
自分たちのこれまでの自然との関わり方を振り返る。	・自然を守ろうといろいろな取り組みをしてきたことはとてもよいことだし，これからもしていきたいと考えている。	・自分たちも自然の一部であり，恩恵を受けているのだから，当然のこと，義務であると捉えている。	・まだまだ共存していくには努力が足りない。だから，何とか自分も協力したいと考えている。

第4章　指導と評価をつなぐ道徳科の授業プラン　　111

4 授業展開

目標	「ひとふみ十年」という言葉が意味することを考えることを通して，自然の大切さや愛護することの意義を考えることができる。	
過程	学 習 活 動	留 意 点 等
わかる	○教師から立山についての補助説明を聞く。教材を読む。 ○めあてを確認する。 ┌─────────────────────┐ 　　「ひとふみ十年」の意味を考えよう。 └─────────────────────┘ 1　「ひとふみ十年」とはどういう意味の言葉でしょう。 ・10cm 育つのに10年かかるから，一回踏んだら元に戻るまで10年かかるということ。	○児童は，立山の自然を知る前の「ぼく」と同じ状態なので，先行知識を持たせることで，実感をもって授業に取り組めるようにする。
つなぐ　AL 1	2　なぜ，そこまでして自然を守っていく必要があるのでしょう。立山の自然は特別なもので，自分たちの生活とはあまり関係ないんじゃないかな？（グループ→個→全体） ・自然はみんなつながっている。 ・小さいからこそ守ることに意味がある。	○グループで話し合わせた後，自分の意見をまとめ，書かせる。
生かす　AL 2	3　みんなはこれまで自然とどう関わってきましたか。振り返って，まとめてみましょう。（グループ→個） <table><tr><td>（よい）</td><td>（よくない）</td></tr><tr><td>・ごみ拾いをした。 ・電気を節約している。 ・ペットボトルのリサイクルに協力している。 ・ゴーヤで緑のカーテンをつくっている。</td><td>・ごみを捨ててしまった。 ・電気や水の無駄遣いをしている。 ・食べ残しが多い。 ・犬や猫を捨てる人がいる。</td></tr></table>㊜みんなの取り組みは，役に立つのだろうか。	○グループで，よい取り組みとよくない行動に分けて考えさせ，ホワイトボードに意見を整理させていく。 ㊗立山の自然を守ることと身の回りの自然を守ることを関連づけて書いている。

112

5 アクティブラーニングの視点を取り入れた指導のポイント

AL 1 なぜ,そこまでして立山の自然を守っていく必要があるのかについて,まずグループで議論させる。意見の交流をしながら,次第に自分の意見をしっかりしたものにできるような話し合いとしたい。教師は,話し合いの中で出てきたキーワードを途中でいくつか紹介し,他のグループの話し合いが活性化するような働きかけをする。議論をふまえ構築された自分の意見を実際に書くことでよりはっきりしたものとし,全体で交流する。

グループでの話し合いの際の教師の役割として,オブザーバーとして見守る,一つのグループに入り込む,グループをつなぐなどが考えられる。常に一定の対応をするのではなく,課題や活動の種類によってうまく使い分けをしなければならない。

AL 2 自分たちが,これまで自然とどう関わってきたかを振り返って,まとめる活動をグループで行う。よい行いとよくない行いに分けてどんどん挙げていき,グループごとにホワイトボードにまとめていく。ここでは,過去の生活の中での自然との関わりを具体的に振り返ることを目的としているので,多くの意見を出させるようなアクティブラーニングとなるようにする。

6 板書計画

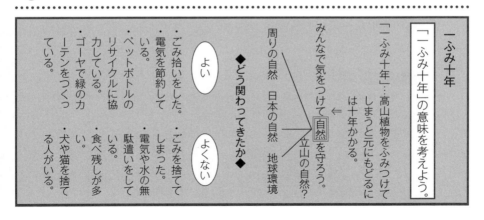

【中学校の授業プラン】

教材名「銀色のシャープペンシル」（『中学校読み物資料とその利用3』文部省，1993年）

❼よりよい自分への第一歩

内容項目　D［よりよく生きる喜び］

人間には自らの弱さや醜さを克服する強さや気高く生きようとする心があることを理解
し，人間として生きることに喜びを見いだすこと。

1 内容項目と教材

　素晴らしい人の行いは，よりよく生きようとしている姿そのものだが，私たち（子供たちも含めて）は，自分の至らなさを毎日感じながら生きていて，そういう姿とはほど遠い。しかし，そんな中でも，「今の自分より少しでもよい自分に！」という思いを持ち，頑張って毎日を生きている。むしろ，失敗しても前向きに生きていこうとする姿にこそ，よりよく生きようとする姿を見出し，感動することが多いのではないだろうか。

　このような点から，「銀色のシャープペンシル」は学びの多い教材である。拾ったシャープペンシルをポケットに入れてしまったことから歯車がずれ，嘘に嘘を重ねていくのだが，持ち主の卓也に，「疑ってごめん」と謝られたことで，「ぼく」の気持ちが動き始める。卓也の言葉と自分の内部からの「ずるいぞ」という言葉に動かされる「ぼく」の思いをじっくりと考えさせたい。

2 授業構想

　教材を読んでわかるように，本時の学習はゼロからの出発どころではなく，マイナスからの出発である。主人公「ぼく」が自分の弱さにどう立ち向かうかを考えるのであれば，生徒自身も自分の短所と向き合いながら考えることをさせたい。そのために，まず，自分にはどんな短所があるかを書き出して隣の生徒と話すところから始め，さらに教材について考えていく。

教材での学びでは，まず「ぼく」のいけなかったところを挙げさせ，ずる
ずると深みにはまってしまった「ぼく」の弱さについて捉えていく。そんな
弱い「ぼく」がなぜ変わることができたのかを考えることで，誰しも変われ
る可能性を持っているのだと考え，教材から離れるきっかけとする。よりよ
く生きるためにどう変えたらよいかを自分への手紙という形で書くことで，
自分の問題として考えることにつなげていく。

3 本時の評価（ルーブリック）

観点　　尺度	わかる	つなぐ	生かす
「ぼく」のいけなかったところを挙げる。	・話の展開における問題となるところを取り上げている。	・どれも「ぼく」の弱さによるものであると捉えている。	
「ぼく」はなぜ変われたのかを考える。	・卓也の「疑ってごめん」という言葉が，「ぼく」にどう響いたかを考えている。	・卓也の「疑ってごめん」という言葉の奥に，卓也の素直に，正しく生きようとする生き方を感じ，自分を省みるようになったと捉えている。	・ふだんだったら自分の足りないところには気づかないだろう。友達の生き方に影響を受けながら，よい生き方をするような関係を築きたいと考えている。
よりよく生きるためにどう変えたらよいかを自分への手紙という形で書く。	・自分も「ぼく」と同じように，弱さを持っている。その弱さを克服していきたいという思いを書いている。	・自分ではなかなか気づかない。ちゃんと言ってくれる友達が必要だし，自分もそういう友達になりたいと考えている。 ・自分の弱さについて深く考えている。	・過去の自分をしっかりと振り返った上で，具体的な形で行動に移そうとしている。

第4章　指導と評価をつなぐ道徳科の授業プラン　　115

4 授業展開

目標	なぜ「ぼく」が変わることができたかを考えることを通して，自分の短所を見つめ，よりよい自分になろうという思いを持つことができる。	
過程	学 習 活 動	留 意 点 等
わかる **AL** **1** つなぐ	1　自分にはどんな短所があるか考えたことがありますか。書き出して，隣の人に話してみましょう。 ○教材を読む。 2　「ぼく」のいけなかったところを挙げましょう。 ・拾ったシャープペンシルを自分のポケットにしまった。 ・卓也が「それぼくのじゃ」と言った時に，「これは前に〜」と嘘を言ってしまった。 ・健二をにらんだ。 ・人のいない時にそっと返しておいた。 ・卓也に「ごめん」と言われても，正直に話せなかった。 ○めあての確認をする。 ┌──────────────────┐ │　「ぼく」はなぜ変わることが　　│ │　　できたのかを考えよう。　　　│ └──────────────────┘	○素直に自分の短所に向き合う姿勢を持つことから授業に入りたい。 ○一つの行動をきっかけに流れが悪い方に行ってしまったこと，その根本は心の弱さにあることに気づかせたい。
生かす **AL** **2**	3　「ぼく」はなぜ変わることができたのでしょう。 ・嘘をつくのが辛かったから。 ・本当は正直に言えない自分が嫌になったから。 ⊕卓也の「ごめん」を聞いて，「ぼく」は何を考えただろう。 ・卓也は悪くないのに謝られたから。 ・卓也みたいに生きたいと思ったから。 4　よりよく生きるために自分はどう変わったらよいかを自分への手紙という形で書きましょう。	○前半はグループで話し合い，補助発問から全体で話し合う。 ○内面からの要因と外面（卓也の言葉）からの要因に分けて板書に整理する。 ㊜「ぼく」の変化を受けて，自分がどう変わったらよいかを考えて手紙を書いている。

116

5 アクティブラーニングの視点を取り入れた指導のポイント

AL 1 自分にはどんな短所があるか考えたことがあるかについて，まずは個別に書いたものを基に隣の生徒に話す活動を行う。ペアでの活動は，協働的な学びの最もシンプルな形ではあるが，どういう学習活動を設定するかでその雰囲気はがらりと変わる。本来自分の短所など人に言いたくないのを承知でペアの活動として取り入れることで，何でも言える雰囲気をつくり，自分はどう変わったらよいかを考えることにシフトできると考える。

AL 2 「『ぼく』はなぜ変わることができたか」について，まず，グループで議論する。焦点を絞らずに話し合うので，漠然と課題に向かい，ある程度までは生徒の自力で解決に向かう。しかし，本質に迫りきれなくなることが想定される。そこで，補助的な課題「卓也の『ごめん』を聞いて，『ぼく』は何を考えただろう」を提示し全体で解決していくという流れとする。

アクティブラーニングでは，グループでの活動を積極的に取り入れることになるが，深める学習にしたい時に，生徒に任せっぱなしでは，到達できないことも多い。あらかじめ生徒だけで到達できるラインを予想しておき，その後を全体での学習に戻してさらに深めるなどの工夫が必要である。

6 板書計画

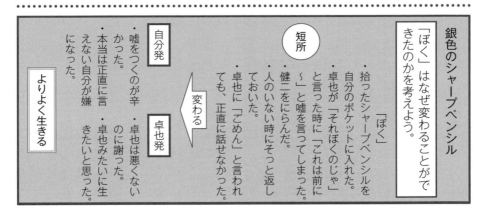

【中学校の授業プラン】

教材名「最後の年越しそば」(『中学生の道徳　第2学年』あかつき，2015年)

❽私たちは何を求めて生きるのだろう

内容項目　B［思いやり，感謝］

思いやりの心をもって人と接するとともに，家族などの支えや多くの人々の善意により日々の生活や現在の自分があることに感謝し，進んでそれに応え，人間愛の精神を深めること。

1　内容項目と教材

　思いやりはおそらく人が生きていく上で，最も基礎となる道徳的価値だろう。いくら見かけのよい行動をしても，その行動に思いやりの心が伴っていなければ，その行動は偽善や打算と見なされる。一方で，他者からは行動は見えても思いやる心は見えにくいので，過度の思いやりの行動はともすると自己犠牲と解釈されることもある。しかし，他者から見ると自己犠牲と映るが，本人にしてみれば思いやりを行動に移しているだけで，むしろ精神的な幸せをそこから得ているということも多いだろう。

　教材「最後の年越しそば」も余命2ヶ月と診断された父親が，最後の正月に一時帰宅せず，身寄りのない老人のために年越し蕎麦を作ってもてなすというストーリーであり，端から見れば痛々しいほどの自己犠牲を感じさせるものである。娘である「私」も当初はそのことを納得できずにいたが，やがて「人間は一生涯で何を求めるのかを学んだ気がする」としている。父親の思いを「私」がどう受け止めたのか捉えることで，究極の思いやりについて考えさせたい。

2　授業構想

　本教材「最後の年越しそば」には，登場人物のそれぞれの思いやりが詰め込まれている。それを導入段階で捉えさせてから，それらが交錯する中での，父親の最大の思いやりについて考えさせていく。

家に帰らず年越し蕎麦をふるまった父の思いを話し合う中で，生徒は父親の行動が崇高なものであることを理屈ではわかるが，何となく釈然としない思いも抱くだろう。その思いについて，ストレートに「父の行動を理解できますか，それとも理解できませんか」と問うことで，父親の真意をさらに深く考えさせていく。そして，まとめとして，「私」が父に学んだ「一生涯で求める」ことは何かを考えることで，自分がこれまで考えていた思いやりと父の思いやりとを比較し，どういう思いやりを目指していくのかを明らかにさせていく。

3 本時の評価（ルーブリック）

観点 ＼ 尺度	わかる	つなぐ	生かす
このお話には，どんな思いやる心があるかを考える。	・ぎりぎりの状況の中なのに，互いを思いやる心にあふれていることに気づいている。	・ぎりぎりの状況だからこそ，より互いを思いやる心にあふれていることに気づいている。	
家に帰らず年越し蕎麦をふるまった父の思いを話し合う。	・お年寄りの境遇をこの期に及んでも気の毒に思っている父の優しい心を中心に考えている。	・残り僅かな命なら，なおさら誰かのために役立てたいという父の生き方を中心に考えている。	
「私」が父に学んだ「一生涯で求める」こととは何かを考える。	・辛くても人のために生きることが大切という視点から考えている。	・自分が辛いからこそ人のことを考えることができるという視点から考えている。	・教材から，自分が大変な時には，友達も大変なんだと思って，少しでも支えられるようになりたいという思いを持っている。

第4章　指導と評価をつなぐ道徳科の授業プラン

4 授業展開

目標	「私」が父に学んだ「一生涯で求める」こととは何かを考えることを通して，真の思いやりについて考えることができる。	
過程	**学 習 活 動**	**留 意 点 等**
わかる	○教材を読み，印象に残ったところをペアで話し合う。 1　このお話には，どんな思いやる心が描かれていますか。 ・娘がお父さんに病気のことを知られまいとする思いやり。 ・最期の時を思いのままに過ごさせようとする家族の思いやり。 ・父のお年寄りに対する思いやり。 ・涙をこらえて蕎麦を食べる家族の思いやり。 ○めあてを確認する。 　　　真の思いやりについて考えよう。	○なぜ印象に残ったかを詳しく聞き合うことで，ストーリーの把握を促す。 ○この教材は，いろいろな種類の思いやりにあふれていることに気づかせる。
つなぐ AL1	2　家に帰らず年越し蕎麦をふるまった父はどんな思いだったでしょう。（個→グループ） ・自分は家族がいるが，この人たちは家族がいないんだ。 ・最期の時間を人のために使おう。 ・短い命でも人の役に立てるなら幸せな人生だ。 ㊜父の行動を理解できますか，それとも理解できませんか。 <table><tr><td>（理解できる）</td><td>（理解できない）</td></tr><tr><td>・人の役に立つことが幸せだということ。 ・辛いからわかるんだ。</td><td>・家族がかわいそうだ。 ・自分のために時間を使えばいいのに。</td></tr></table>	○出された意見を，思いの深さが見えるように板書する。 ○はじめの2～3人は同じ意見同士で，次の2～3人は異なる意見同士で交流する。
生かす AL2	3　「私」が父に学んだ「一生涯で求める」ことは何かを考えよう。（書く→グループ→推薦されたものを発表）	㊝父が伝えたかったことを自分の言葉で書いている。

5　アクティブラーニングの視点を取り入れた指導のポイント

AL1　家に帰らず年越し蕎麦をふるまった父はどんな思いだったかについて，まず個別に意見を持った後で，グループで検討していく。ここでの話し合いは，建て前を理解する段階にとどまってもよいので，積極的に意見を出させることを目指して話し合いをさせていく。

そして，その建て前を自分に当てはめて考えるために補助発問として「父の行動を理解できますか，それとも理解できませんか」という問いを投げかけ，同じ意見同士，違う意見同士の話し合いを組み合わせることで，多面的な捉えが可能となるような場とする。

AL2　「私」が父に学んだ「一生涯で求める」ことは何かについて，まず個別に書く活動をした後，グループで共有し，他のグループの生徒にも紹介したいものを推薦させる。

この共有したいと思う気持ちを持たせることが，グループ学習をしながらも，学級全体で学びをつくっているのだという一体感につながる。道徳科の授業は，学級のつながりがあってこそ成果を生み出すのだという実感を生徒に持たせるのもアクティブラーニングの大事な働きとなる。

6　板書計画

【中学校の授業プラン】

教材名「わたしのいもうと」（松谷みよ子著『わたしのいもうと』偕成社，1987年）

❾差別について考えよう

内容項目　C［公正，公平，社会正義］
正義と公正さを重んじ，誰に対しても公平に接し，差別や偏見のない社会の実現に努めること。

1　内容項目と教材

　本時の授業では，内容項目として［公正，公平，社会正義］「正義と公正さを重んじ，誰に対しても公平に接し，差別や偏見のない社会の実現に努めること」について扱う。特に公正，公平，社会正義の対極にあるいじめや差別について考えることにより，公正で公平な行動の素晴らしさやあり方，そして難しさについて迫っていきたい。いじめや差別は今も日本中で，世界中で起きている問題であり，なくすことのできない人類の課題でもある。そういう課題に対し，中学校3年生の現段階で，過去を振り返り，未来を展望する中で自分の位置を見極めることは大きな意味を持つことと考えている。

　追究のための教材として「わたしのいもうと」を取り上げる。本教材は，童話作家の松谷みよ子さんの元に1人の若い娘さんから届いた手紙をきっかけに，松谷さんが絵本として創作したものである。「わたしのいもうとの話を聞いてください」と語り始め，いじめにあって一切人と関わらなくなった妹，そして，1人鶴を折り続け，やがてさびしく死んでいった妹。死後，「私をいじめた人たちは，もう私を忘れてしまったでしょうね」というメモを見て，何もしてやれなかった姉や母。そういういじめに巻き込まれて苦しむ親子の心の訴えを絵本にしたものである。

2　授業構想

　中学3年生の生徒は，いじめの辛さや，いじめをしてはいけないというこ

とは当然知っている。しかし，わかってはいても時に人に厳しく当たったり，そういう様子を目の当たりにしても止められなかったりする。この教材を読み，いじめがいじめに関わった誰もを不幸にすることを改めて認識させることで，考えることのスイッチを入れる。ただ，生徒に当事者意識を持たせると，本音で話すことがなかなかできないので，できる限り客観的な立場を取らせることで生徒から本音を引き出していきたい。そこで，本時は中心課題として「なぜいじめや差別はなくならないか」という普遍的な問題について話し合うこととする。全人類的な問題であり，また難解な問題でもあるが，生徒が少しずつ自分の方に問題を引き寄せ，「解決したい」という思いを持つことができればと考えている。

3 本時の評価（ルーブリック）

観点 尺度	わかる	つなぐ	生かす
いじめによって苦しむのは誰かを考える。	・教材について考え，みな傷ついていることを書いたり話したりしている。	・自分の経験（間接も含む）をふまえて，みな傷ついていることを書いたり話したりしている。	
なぜいじめがなくならないかを考える。	・それぞれの事情からの原因について考えたことを書いたり話したりしている。	・人としての根源の部分からの原因について考えたことを書いたり話したりしている。	
話し合ったことを自分の問題として捉える。	・いじめや差別をなくすことが世界が平和に結びつくことについて，行動に移したいという思いを漠然と書いている。	・何をどう変えることでいじめや差別がなくなっていくかを，自分たちの生活を振り返り具体的に書いている。	・いじめや差別をなくすために自分にできることを見出し，実際にやってみようという意志を文章にしている。

第4章　指導と評価をつなぐ道徳科の授業プラン　123

4 授業展開

目標	いじめがなくならない理由を考えることにより，いじめが人の心の弱さから起こり，自分にとっても身近な問題であることを意識する。	
過程	学 習 活 動	留 意 点 等
	○「わたしのいもうと」という題名から内容を連想する。教材の読み聞かせを聞き，感想を話し合う。	
わかる AL1	1　それぞれの人がどのように悲しく辛いのかグループで話し合いましょう。 ・妹　・姉や母　・友達　・いじめた人 ○めあてを確認する。 なぜいじめがなくならないかを考えよう。	○立場をグループごとに分担して考え，交流する。
つなぐ AL2	2　なぜ，いじめや差別はなくならないのだろう。グループで考えられる理由を挙げられるだけ挙げましょう。 ・ストレスがなくならないから。 ・自分が上に立ちたいから。 ・やらないと自分がいじめられる側になるから。 ・弱いから。いじめる人も。	○「なぜいじめは起きるか」では，自分に近すぎるので，より客観的な問題として考えさせていく。
生かす	3　松谷さんは，この絵本を「平和のために」というシリーズの中で書いています。いじめや差別をなくすことと平和とはどのような関係があるのだろう。 ・いじめや差別がなくなると平和になるのかな。 ・戦争は国と国とのいじめなんだ。 4　この1時間で思ったことや考えたことを書こう。	○松谷さんの思いに共感させたい。 評 いじめや差別について考えたことを自分の問題として捉えなおして書いている。

124

5 アクティブラーニングの視点を取り入れた指導のポイント

AL 1 悲しい，辛いのは誰かという問いに対して出た答え，「妹」「姉や母」「友達」「いじめた人」などについて，それぞれの人がどのように悲しく辛いのかをグループごとに分担して話し合うエキスパート活動を行い，その後，グループでの話し合いの成果を全体で共有する活動をする。

ここでは，どの立場にあってもいじめに関わった人全部が辛く苦しい思いをすることを生徒に感じてほしいのだが，いろいろな立場について考えたのでは，その人物に共感しにくくなるため，人物を分担する手法は，道徳科でも有効であると考える。

AL 2 いじめがなくならない原因をグループでのホワイトボードを使った話し合いにより考えさせていく。ここでの話し合いは，思いついた原因をそれぞれがホワイトボードに自由に記入し，それについて説明したり質問や意見を言ったりする方法で進めていく。さらに，全体での交流でその中の2点について説明するよう指示し，そのために絞り込んでいくための話し合いをさせ，深めさせていく。

6 板書計画

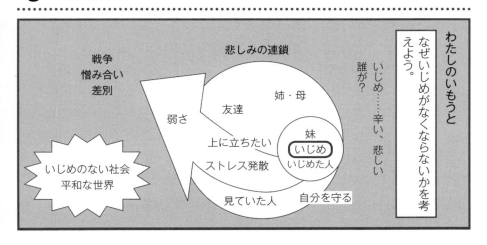

おわりに

　本書の主要なテーマは，道徳の時間から道徳科への変更をどう乗り切るかということにありますが，この変更は，社会が道徳に期待していることの表れです。道徳に期待する時代は，問題が多く不安な時代です。

　いくら生活がスマートになろうと，いくら世界経済の調整を図ろうと，おそらくそういう目に見える，あるいは物質的な方法によっては，問題や不安は決してなくなることはないでしょう。何が問題で，どうしたらよいかを，優秀な頭脳やスーパーコンピュータや駆け引きによって答えを出してもです。

　結局，解決できるのは，「目に見えないもの」，つまり，私たち一人一人の思いや，私たちと誰か，誰かと誰かの心のつながりだけでしょう。そういう意味でも，今私たちに必要なことは，様々な思い，それぞれの心を〈つなぐ〉ことです。世界中に〈わかる〉ことは満ちあふれていますが，〈わかる〉だけでは問題は解決しません。私たち人間は，一人で生きる生き物ではなく，他者と関わりながら生きているのであり，他者との関わり合い，〈つなぐ〉ことが最大の生き抜く術なのです。〈つなぐ〉ことができなければ，実生活に効力を発する〈生かす〉ことも実現しません。ですから，いかに〈つなぐ〉かが道徳科のポイントでもあるのです。

　実は，私の研究の出発点は，国語科教育であり，文学教材をどう読んだらよいかということを中心に実践したり研究したりしてきました。その中で，文学で描かれる「目に見えないもの」について興味を持ち，それがどのように生きることにつながるのかを考えるようになりました。そして，教材の中の「目に見えないもの」を通じて子供たちを〈つなぐ〉ことができるのは道徳の授業である，というのが現時点での一つの結論です。

　そういう思いを込めて道徳科に関わる全体を述べようとしたために，ざっくりとしたものであるとの印象を受ける方もあるかもしれません。授業づく

りについて，評価について，それぞれについて焦点を絞ることも選択肢のうちにはありましたが，今回は新しい教科である道徳科のあるべき姿を見てほしいとの思いがあったので，それらのつながりを論じる形になったことをご理解いただければと思います。いずれにしても，評価から道徳の授業をリスタートしなければ前に進まないという思いは伝えることができたのではないかと思います。本書をたたき台にして，さらによい授業展開や評価のあり方を開発していってくだされればと思います。

　また，〈つなぐ〉ということで言えば，本書はみなさんと私を〈つなぐ〉ものであるとも考えています。私自身も，学校現場で先生方と子供たちが互いに刺激し合って，よりよく生きることについて語り合える場をどうしたら築くことができるかをさらに追究していきたいと考えています。そのためには，研究者と実践者が協働的に研究を進めることも重要となります。本書を通じて多くの先生方とつながり，実践についての交流ができればありがたい限りです。

　終わりに，本書の刊行にあたり，編集部の木山麻衣子氏には，道徳教育の改善への熱い思いを理解し，多大なご尽力をいただきました。心よりお礼を申し上げます。

　2016年6月

石丸憲一

【著者紹介】

石丸　憲一（いしまる　けんいち）

兵庫教育大学大学院修了。静岡県公立小学校教諭，創価大学教育学部准教授等を経て創価大学大学院教職研究科教授。専門分野は国語科教育学，道徳教育学。主な著書に『表現力を鍛える文学の授業』（明治図書），『読解と表現をつなぐ文学・説明文の授業』（学事出版），『「新たな学び」を支える国語の授業 上』（三省堂）などがある。

MAIL：140ken@gmail.com

道徳科授業サポートBOOKS

ルーブリック評価を取り入れた
道徳科授業のアクティブラーニング

2016年7月初版第1刷刊	©著　者	石　　丸　　憲　　一
2016年11月初版第2刷刊	発行者	藤　　原　　光　　政
	発行所	明治図書出版株式会社

http://www.meijitosho.co.jp

（企画）木山麻衣子（校正）広川淳志

〒114-0023　　東京都北区滝野川7-46-1
振替00160-5-151318　電話03(5907)6702
ご注文窓口　電話03(5907)6668

＊検印省略　　　　　組版所 中　央　美　版

本書の無断コピーは，著作権・出版権にふれます。ご注意ください。

Printed in Japan　　　　　ISBN978-4-18-254920-5
もれなくクーポンがもらえる！読者アンケートはこちらから →